나는 있는 그대로 충분하다

나는 있는 그대로 충분하다

인생의 흐름을 바꾸는 하루 한 장, 90일간의 긍정 확언 필사

Collect 27

정민 지음

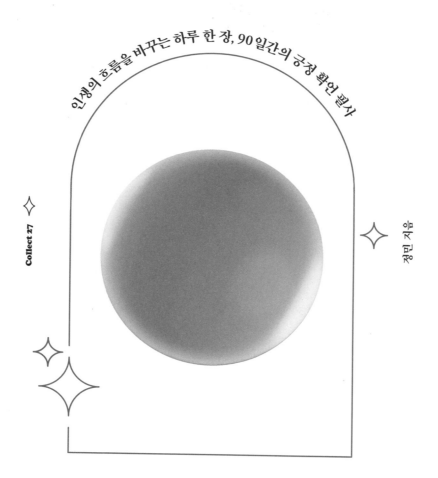

동양북스

오직 나를 위한 하루 10분

긍정 확언을 읽고, 쓰고, 되뇌며

나의 가장 친한 친구이자

그 누구보다 소중한 나를 응원해 주세요.

우리가 매일 몇 만 가지의 비슷한 생각들을
반복한다는 걸 알고 계시나요?

단순한 의사 결정이나 업무와 관련된 생각 등
별다른 감정을 일으키지 않는 생각도 있지만,
우리를 괴롭히거나 우리의 성장을 가로막는
부정적인 생각이 끊임없이 올라오기도 합니다.
우리가 원하지 않을 때도 말이죠.

이렇게 반복적으로 올라오는 생각들은
잠재의식에 자리한 관념들에 기초해 만들어지는데요.
잠재의식을 나무의 뿌리라고 본다면
부정적 관념과 부정적 믿음으로 가득한 마음으로부터는
부정적 생각들이 싹을 틔울 수밖에 없어요.

원치 않는 생각들로부터 '의식을 돌리기 위해'
명상을 하는 것은 좋은 방법이에요. 그러나

늘상 떠오르는 생각들이 '떠오르지 않도록 통제'할 방법은
존재하지 않습니다.

하지만 내 마음을 다시 프로그래밍해
떠오르는 생각들의 종류를 바꾸어 나갈 수는 있어요.
시간과 꾸준함을 요하지만 얼마든지 가능한 일입니다.
저 또한 부정적 생각으로 잠들지 못하고 밤을 헤매던 사람에서
세상만사에서 아름다움을 느끼는 사람으로 탈바꿈했으니까요.

기나긴 우울과 공황의 여정을 버텨낼 수 있게 도와준
고마운 도구 중 하나가 바로 습관적으로 읊조리는 확언이었습니다.
매번의 추락과 발작을 지나칠 수 있게 이끌어준
마법의 주문이었달까요?

여러분도 90일간의 긍정 확언 필사를 완수하고 나면
나도 모르게 지금 내게 꼭 필요한 확언을
종일 읊조리고 있음을 발견하게 될 거예요.

제가 지나온 여정을 지나고 있을 많은 독자에게
도움이 되었으면 하는 진심을 담아 모든 글을 적었습니다.
필요하다면 여러 번 반복해 읽고,
또 꼼꼼히 옮겨 적으며
완전히 여러분의 것으로 체화하길 응원합니다.

우리의 마음은
우리가 관심을 기울이기 시작하면
반드시 변화로 보답하거든요.

당신의 평온을 기원합니다.

정민

Contents

◇ *Day 01~25*

나를 다스리는 확언
자존감은 나에 대한 나의 평가입니다.

◇ *Day 26~50* ─────────────────────

편안한 인간관계를 위한 확언

타인을 통해 나를 알아가세요.

내 마음을 돌보는 확언
나의 생각과 감정은 내가 아닙니다.

확언을 읊거나 필사할 땐

1 단어 하나하나를 꼭꼭 씹어 음미하며 감정을 느끼는 것이 중요합니다.

2 의무감은 반드시 멀리하세요. 오늘의 숙제를 어서 해치우자는 마음으로 대충 웅얼대는 자세로 임하면 스트레스만 더할 뿐이에요.

3 '오늘의 확언' 이외에도 본문 내용 중 꼭 소화하고 싶은 부분이 있다면 필사 란에 함께 적어보세요. 읽고 지나치는 것과 손글씨로 적어보는 것에는 큰 차이가 있습니다.

4 두세 번 이상 반복해 필사할 수 있도록 공간을 넉넉히 마련했어요. 오늘의 확언을 여러 번 반복해 필사해도 좋고, 90일간 매일 하루 한 가지 확언을 필사한 후, 다시 90일을 반복해도 좋아요.

"습관 하나가 자리 잡는 데 21일이 걸린다고 합니다. 오늘부터 시작해 90일 동안 나를 다스리는 확언, 편안한 인간관계를 위한 확언, 내 마음을 돌보는 확언, 풍요의 에너지를 일구는 확언을 읽고, 쓰고, 되뇌며 내 것으로 만들고, 존재만으로 충분한 나를 응원해 주세요!"

✦

나를 다스리는 확언
자존감은 나에 대한 나의 평가입니다.

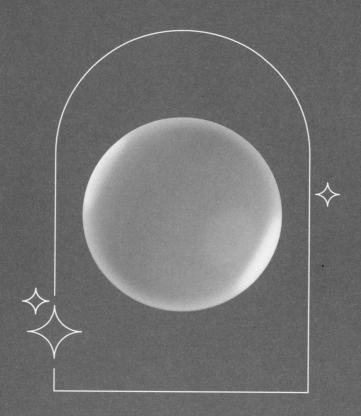

아기처럼 연약한
우리들의 에고^{Ego}

✦

한계투성이, 경쟁의 장으로 느껴지는 이 세상에서 건강한 자존감을 키우기 위해서는 우리가 '나'라 착각하고 있는 '만들어진 자아'를 인식하는 것이 도움이 됩니다. 현실에서 한발 물러나 더 큰 나를 바라보는 연습을 하는 것이죠. '나는 무엇이다'라고 정의하는 모든 것이 '나의 본질'은 아님을 기억하세요. 내가 가진 자산도 직업도 친구의 수도 사회적 지위도 내가 하는 생각과 감정도 나의 본질은 아닙니다.

'그렇다면 나는 무엇인가?' 묻고 있다면 좋은 출발입니다. 그 답을 구하는 여정을 오늘 시작하면 좋겠습니다.

일반적으로 에고는 자아를 뜻합니다. 하지만 영성 분야에서 말하는 에고는 의미가 조금 다릅니다. 우리가 스스로 만들어낸 자아, '인간'으로서의 정체성을 가리킵니다.

우리의 진정한 본성은 조건 없는 사랑의 상태이며 우주 만물이 한 가지로 연결되어 있습니다. 하지만 에고는 외부 세계와 우리를 분리함으로써 이원성의 환상을 만듭니다. 그러므로 우리는 우리가 가진 물질, 인간관계, 사회적 지위 등을 우리와 동일시해 그것들이 우리의 정체성이라고 착각합니다. 그 착각으로 인해 많은 종류의 고통이 시작되며, 외부 환경에 따라 자존감이 좌지우지되는 결과로 이어지죠.

익숙하지 않은 개념이라 신비하거나 난해하게 느껴질 수 있지만 그렇지 않아요. 기도와 묵상, 명상 등 모든 종교에서 하는 수련도 각기 달라 보이지만 결국에는 인간의 에고를 초월하기 위한 것입니다. 꾸준히 수련할수록 에고와 멀어지기 때문에 스스로를 있는 그대로 사랑할 수 있게 되고요.

영성과 종교에 전혀 관심이 없더라도 누구든 에고를 초월한 상태를 경험해본 일이 한두 번은 있습니다. 창의적인 활동이나 운동을 하던 중, 또는 무언가에 고도로 집중한 상태에서 말이죠. 그 시간 동안은 '나'라는 개념이 모호해지며 잡념으로부터 자유롭습니다. 시간이 얼마나 흘렀는지도 모르죠. 상대적으로 어린아이들은 이 상태를 더 자주 경험합니다. 에고를 확립하기 전이기 때문이에요.

내가 에고로부터 자유로워져 외부 상황과 무관하게 스스로를 한결같이 사랑하는 상태를 그려보세요. 그런 삶을 살게 되면 얼마나 좋을까요? 모두가 그런 삶을 영위할 수 있습니다. 게다가 '내가 가진 것들과 나를 동일시하기'를 멈추면 오히려 집착과 고통이 사라지고, 내가 꿈꾸던 삶을 창조하는 것이 쉬워집니다.

이 챕터의 확언들이 여러분 스스로와 연결되고 자존감을 높이는 데 도움이 될 겁니다.

오늘의 확언 :

나는
있는 그대로
충분하다.

"나는 부족한 사람이 아닙니다."

존재만으로 충분한 나를 사랑해 주세요.

세 살이 채 안 된 아이들을 관찰하면 자신을 있는 그대로 사랑하는 법을 배울 수 있습니다. 어린아이들은 자신의 주변을 두리번거리며 스스로의 가치를 의심하지 않아요. 음식을 흘린다고 조심성이 없다 자책하지 않고, 걷다가 넘어졌다고 운동 신경이 좋지 않다며 자괴감을 느끼지도 않죠. 실수를 해도 바로 '지금, 이 순간'으로 돌아와 존재할 뿐입니다. 의식을 외부에 두고 사는 어른들의 습성을 받아들이기 전, 그때의 내 모습을 기억하시나요?

타인의 평가로 자신의 가치를 매기면 늘 불만족스럽습니다. 또, 남과 비교하며 자신을 옭아맨다면 스스로가 늘 부족한 듯 느껴지고요. 지금 이대로도 충분합니다. 인정받는 것과 사랑받는 것을 혼동하지 마세요. 우리는 매일 조금씩 배우고 성장할 뿐, 당장 자신을 완벽하게 완성할 이유가 없습니다. 지금, 이 시점에서의 내 모습은 충분하다고 인정하고 나면 오히려 원하는 방향으로 성장해 나아갈 원동력이 생깁니다. 그러면 무기력이나 자괴감 등 내 성장을 방해하는 감정들과 작별하게 되겠죠. 자신의 충분함을 인정해 주세요.

나를 다스리는 확언

나는
있는 그대로
충분하다.

Day 02 ◇

오늘의 확언 :

나는 내가 가진 것들에 감사하고 충분히 누린다.

"왜 나만 가진 것이 턱없이 부족할까요?"

"내 삶에 모자란 것 투성이라면….."

결핍에 집중하는 마음을 보내주세요.

남의 떡이 커 보인다고 하죠. 결핍에 집중하는 생각 습관을 가지면 타인은 늘상 멋지고 나는 한없이 초라합니다. 스스로 깎아내리는 생각의 패턴에 갇히면 점점 남의 떡만 커지고요. 자꾸만 결핍에 집중하며 내 자존감을 깎아내리는 것은 그 누구도 아닌 나 자신이고, 자존감이 낮아지면 더 나은 방향으로 나아갈 힘을 잃습니다.

반대로 가진 것에 집중하면 내면이 단단해지니 도리어 부족한 것들을 채워나갈 에너지가 창조됩니다. 결국 행복한 삶을 누릴 수 있는지 여부는 내가 얼마나 더 잘났는가가 아닌 내가 집중하는 대상에 있습니다.

삶은 우리가 감사하고 누리는 것들을 더 많이 가져다줍니다. 더 감사하고 더 즐길수록 내가 가진 것이 사실 매우 많다는 것을 깨닫게 되기도 하고, 그와 동시에 더 많은 것들을 갖게 되는 마법 같은 일이 일어나요. 물과 공기, 하늘과 나무, 새들의 지저귐, 나의 눈과 귀…. 내가 가진 모든 것들에 충분히 감사하고 가진 상태를 즐기고 누리세요. '내가 생각보다 가진 것이 많구나' 느끼기 시작하면 삶이 달라집니다.

나는 내가 가진 것들에
감사하고
충분히 누린다.

오늘의 확언 :

내 모습 그대로
존재하는 것은
안전하다.

"남의 의견을 있는 그대로 듣는 게 왜 이렇게 어려울까요?"

에고의 노예가 되지 마세요.

인간으로서 갖는 우리의 에고는 우리를 지키기 위해 존재합니다. 위험한 것들로부터 도망쳐 다치지 않게 하도록 작동하죠. 높은 곳에 서 있으면 떨어지지 않도록 두려움을 일으켜 우리로 하여금 조심스럽게 움직이도록 하고, 길을 건널 때 차가 오지 않는지 살피도록 해요. 하지만 이런 에고의 기전 때문에 실제 위험 요소가 아닌 것들도 위험하다고 인식하는 경우가 많은데요. 자존감이 점점 낮아지고 많은 것들에 대한 용기를 잃는 이유가 여기 있습니다.

비난이나 비판을 받아보지 않은 사람은 없을 거예요. 하지만 이것들을 내 가치와 연결 지어 받아들이다 보면 자존감이 낮아집니다. 나는 내 모습으로 존재했을 뿐인데 누군가가 나에 대해 비난을 쏟아부었다면 용기를 잃기 쉬워요. 나로 존재하는 것 자체가 위험하다고 느끼게 되는 것이죠. 타인의 충고를 무조건 무시해서도 안 되지만, 충고는 충고 자체로 받아들이고 내 가치와 연결 짓지 않을 줄 알아야 합니다. 그 충고를 내가 발전할 수 있는 밑거름으로 쓸 수 있을지 여부만 판가름하면 됩니다.

나 자신으로 존재하는 것이 위험한 게 아니라, 타인의 의견을 내 가치와 연결 지어왔음을 알아차리고 자신이 안전함을 느끼도록 도와주세요.

내 모습 그대로
존재하는 것은
안전하다.

오늘의 확언 :

내 장점과 단점 모두가 아름답다.

"자신을 있는 그대로 드러내는 게 어려운가요?"
"나의 모든 것을 보이면 다들 날 싫어할 것 같나요?"

수치심을 느낄 이유가 전혀 없습니다.

자신의 장점만 강조하고 싶어 하는 사람과 단점도 편안하게 드러내는 사람의 차이는 자신을 얼마나 수용하는지에 달려있습니다. 내 머릿속에 그려놓은 내 모습이 실제 내 모습과 다르면 수치심과 자괴감이 자라고, 점점 내 단점을 가리는 것에 급급하게 되는데요. 사실 삶의 모든 것은 주관적이어서 내가 생각하는 단점이 누군가에겐 장점으로 비춰질 수도 있고, 내가 생각하는 장점이 누군가에겐 단점으로 보일 수도 있습니다.

저는 많은 세월 자신을 수치심으로 꽁꽁 싸맨 채 살았습니다. 흠잡을 데 없는 사람이고 싶었죠. 하지만 그 과정에서 자신과 점점 멀어지게 되었고, 다양한 정신적 문제들을 겪게 되었어요. 늘 숨겨야 하니 긴장이 이어져 몸 이곳저곳이 아팠고, 편하게 잠을 자는 것조차 힘들었죠. 더 이상 그렇게 지내는 것이 버거워 가장 숨기고 싶은 모습들을 남들에게 하나씩 드러내기 시작했습니다. 큰 용기를 내어 꺼낸 단점들에 크게 반응하지 않는 사람들을 보며, 결국 나를 옭아맨 것은 분별에 근거한 나의 수치심 하나였구나 깨달았습니다.

내가 장점과 단점이라고 이름표를 붙인 모든 것이 사실은 온전히 내 경험과 투사에 근거한 것임을 알아차리세요. 그리고 내가 정한 '이상적인 내 모습'을 내려놓으세요.

나는 삶의 어느 시점이든 있는 그대로 충분합니다. 내가 가진 장점과 단점 모두가 지금의 나를 아름답고 고유한 존재로 빛내준다는 것을 기억하셨으면 합니다.

내 장점과
단점 모두가
아름답다.

오늘의 확언 :

나는 새로운 것을
편안하게
받아들인다.

"새로운 것에 도전하는 데 어려움을 겪나요?"

익숙한 곳을 벗어나도 안전합니다.

우리들은 인간으로서 많은 진화와 발전을 거듭했지만, 아직 선조들께 물려받은 심리적, 생리적 반응들을 기반으로 살아가며 그에 상응하는 행동을 합니다. 위험 요소를 감지하면 자동으로 긴장하고 심박수가 올라가며 땀을 흘리기도 하죠. 그리고 위험 요소를 피하려 노력합니다. 반대로 마음이 편안해지면 이완과 동시에 안정적 심박을 유지하게 되고 가슴과 어깨는 활짝 열리며 차분하게 말과 행동을 하게 됩니다.

주거지를 자연재해나 맹수로부터 늘 안전하게 지키고, 굶지 않기 위해 식량을 채집 혹은 사냥하며 살아야 했던 선조들의 기억을 그대로 간직한 우리는, 비교적 안전하고 매우 안락한 시대를 살면서도 많은 것을 위협으로 인식합니다. 그중 하나가 '익숙하지 않은 것'이에요. 거주지를 옮기는 것, 이직을 하는 것, 새로운 사업을 시작하는 것 등 실제로 위험하지 않은 것들을 나를 위협하는 대상으로 바라볼 수 있습니다. 마음이 더 많은 긴장을 안고 살 경우, 새로운 사람을 응대하는 것조차 위험하게 느껴질 수 있습니다.

내가 두렵다고 느끼는 것들이 실제로 두려워해야 할 대상인지, 나의 목숨과 직결된 문제인지 차가운 머리로 바라보세요. 내가 실체 없는 불안과 걱정을 만들고 있음을 알아차리는 것에 이 확언이 도움이 되었으면 합니다.

새로운 것들을 편안하게 받아들이고 자신에게 더 많은 자유와 사랑을 선물하세요. 그렇게 확장하기 시작하며 스스로 존중하는 마음이 무럭무럭 성장할 거예요.

나는 새로운 것을
편안하게
받아들인다.

오늘의 확언 :

나는
내 모든 성취를
인정하고 추앙한다.

"모두 나를 인정해주지 않는 것 같아 속상한가요?"

다른 사람에게 인정받을 필요가 없습니다.

억울함이나 서운함은 많은 사람이 느낄 수 있는 감정들이에요. 그리고 그 아래에는 인정욕구가 자리하고 있는 경우가 많습니다. 타인에게 내 생각이나 감정, 성취나 존재를 인정받아 스스로를 채우고 싶다는 마음이 있는데 그게 채워지지 않으면 다른 감정들이 연이어 일어납니다. 하지만 스스로 인정하지 않으면 타인의 인정을 받는 것도 어렵습니다. 우리는 우리 마음에 있는 것들을 현실에서 보기 때문이죠. 내가 나를 인정하지 않으면 세상이 나를 인정하지 않는 부분만 인식하게 돼요. 실제로는 인정받고 있는 부분들이 많은데도 말이죠.

타인에게 인정받으려는 마음이 일어날 때마다 스스로를 부정하고 있음을 알아차리세요. 인정욕구가 일어난다는 것은 내가 나를 인정해주지 않는다는 신호일 뿐입니다. 그 신호를 받았다면 스스로 인정하는 것으로 의식을 돌리면 되고요. 매일 성취하지 않는 사람은 없습니다.

잠에서 깨어 세수와 양치를 하는 것도 성취입니다. 이부자리까지 정리한다면 더 큰 성취고요. 내가 매일 무엇을 성취하는지 늘 인지하고 칭찬하세요. 잘하고 있고, 앞으로도 그럴 것이라고 응원하세요. 그렇게 건강한 자존감이 성장해 인정을 갈구하는 마음이 조금씩 잦아들 거예요.

나는
내 모든 성취를
인정하고 추앙한다.

오늘의 확언 :

내 마음의
평온이 나의
가장 큰 힘이다.

"정말로 내가 유약한 사람이라고 믿나요?"

진정한 힘은 비워진 마음에서 나옵니다.

세상이 각박해지면서 공격적인 성향이 찬사를 받는다고 느낄 때가 있습니다. 직언을 하는 것과 불필요한 공격을 하는 것은 별개의 문제지만, 당당한 성격을 가진 사람이 자존감 높은 사람으로 여겨지곤 해요.

저는 내성적인 성격과 낮은 자존감으로 어린 시절을 보냈는데요. 그 과정에서 많은 상처를 받으면서 독기가 차올랐어요. 그러고 나서는 수년을 하고 싶은 말을 쏟아내며 보내기도 했습니다. 자존감이 높아졌다고 기뻐했죠.

하지만 삶에서 느끼는 고통은 사라지지 않았어요. 늘 공허함을 느끼고 여전히 분노에 쉽게 사로잡혔고요. 그러던 어느 날, 아주 깊은 곳에 자리한 연약한 자신을 마주하게 되었고, 연약함을 인정하지 않으려 가짜 힘을 만들었음을 깨달았습니다. 아무리 애써도 채워지지 않았던 그 마음의 답을 찾은 것이죠. 그 이후로는 마음을 계속해서 비워내고 또 비워내며 평온한 마음을 갖는 것에 심혈을 기울였습니다.

많이 비워졌다고 느낀 그 순간, 평생 느껴보지 못한 힘을 느끼기 시작했습니다. 누군가를 적대시하지 않아도, 타인 위에 군림하지 않아도, 세상의 시시비비를 가리지 않아도 홀로 굳건하고 단단함을 느낄 수 있었어요.

공기처럼 살면 여여하게 살아갈 수 있어요. 공기는 유야무야, 누구에게나 중요하지만, 우리는 공기를 잡을 수 없고 다치게 할 수 없습니다. 나무가 아무리 튼튼하고 강해도 날아가는 화살에 맞으면 상처를 입지만, 공기 안에서 화살은 서서히 추력을 잃고 바닥에 떨어집니다. 외부의 자극이 화살이라면, 내 마음이 공기가 되면 됩니다. 겉으로 드러나는 힘에서 주의를 거두고, 나를 비워냄으로써 진정한 힘을 얻어보세요.

모든 사람은 모든 것을 이겨낼 힘을 가지고 있습니다. 그리고 그 힘은 비로소 내가 비워질 때 모습을 드러냅니다.

내 마음의
평온이 나의
가장 큰 힘이다.

오늘의 확언 :

내가 느끼는
모든 감정에는
이유가 있다.

"부정적 감정을 느끼는 건 잘못된 것인가요?"
"부정적 감정을 느끼는 나는 문제가 있는 걸까요?"

내가 느끼는 감정을 모두 수용해 주세요.

우리는 모든 것에 맞고 틀림의 분별을 합니다. 타인에게 고통을 주는 행위는 선한 양심에 귀를 기울여 틀림으로 분별하고 행하지 않도록 노력하는 게 맞아요. 하지만 감정을 있는 그대로 느끼고 수용하는 것은 누구에게도 피해를 주지 않습니다. 또한, 고통을 일으키는 것은 감정 그 자체가 아닙니다. 감정을 느끼지 않으려고 저항하는 것, 감정을 맞고 틀림으로 분별하는 것이 고통을 일으킵니다. 분별을 하니 정당성을 찾으려 들게 되고요.

내가 우울감을 느낄 때, 누군가를 미워하는 마음이 들 때, 억울하거나 화가 날 때, '이런 감정을 느끼면 안 돼'라는 생각을 하진 않나요? 내가 부정적이라고 정의한 감정이 들 때 느끼지 않으려 억누르거나 외부의 자극을 찾으며 회피하진 않나요?

감정에서 정당성을 찾는 것을 멈추세요. 모든 감정에는 이유가 있습니다. 억누르면 나와 타인에게 해가 되는 방향으로 폭발할 수 있지만, 충분히 인정하고 느껴주면 제때 알아서 사라집니다. 필요할 때마다 자신에게 말해주세요. 모든 감정에는 다 이유가 있다고요.

나를 다스리는 확언

내가 느끼는
모든 감정에는
이유가 있다.

오늘의 확언:

모든 문제는
확장을 위한
선물이다.

"어떤 일이 일어날 때마다 머리가 뿌예진다면….”

끊임없는 문제에 매몰되길 멈추세요.

삶의 모든 것은 관점에 달려있습니다. 비가 오는 날 우산을 챙기기 귀찮고 신발이 젖는다고 짜증을 낼 수도 있지만, 맑고 촉촉한 공기에 감사하고 음악과 같은 빗소리를 즐길 수도 있죠.

내 삶에 일어나는 크고 작은 문제들도 마찬가지입니다. '문제가 싫다'는 생각에 얽매이면 쉽게 지나칠 수 있는 사소한 일에도 짜증이 일어나고 불쾌함만 점점 더 많이 초대하게 됩니다. 반대로 문제를 선물이라고 생각하면 앞으로 나아갈 힘이 생기고 스스로의 성장을 믿고 응원할 용기도 자라납니다.

몸과 마음을 힘들게 하는 일들이 일어날 때, 그 문제에 매몰되는 대신 한 걸음 물러나 더 나은 존재로 성장한 자신을 떠올려보세요. 눈앞의 문제에 얽매이는 대신 이 시간을 지나고 한 층 더 여유로워진 나를 그려보세요. 어떤 문제든 지나고 나면 지금의 나를 있게 해준 선물과 같은 존재가 됩니다.

오늘의 확언을 반복해 적으며 문제를 바라보는 새로운 관점을 가져보길 바랍니다.

모든 문제는
확장을 위한
선물이다.

오늘의 확언 :

내 안에는
내가 발견하지 못한
가능성이 무한하다.

"앞으로 어떻게 살아가야 할지 막막한가요?"

나의 무한한 가능성을 믿어보세요.

우리 모두는 학창 시절의 많은 경험을 통해, 그리고 대학 입시를 통해, 또 경제 활동을 통해 뜻대로 되지 않는 일들을 반복적으로 경험합니다. 그러면서 지금 우리가 자신에 대해 아는 것이 전부라고 속단하는 오류를 범하기도 하고요. 그러나 저는 인간이 죽는 날까지도 스스로를 모두 알지 못한다고 생각합니다. 새로운 것들을 향해 마음 열고 지내기만 한다면 우리 안에서 발견될 수 있는 가능성은 무한하고요.

같은 맥락으로 지금까지 내가 나에 대해 발견한 것들은 빙산의 일각에 불과합니다. 나의 지성이 속삭이는 이야기에 속지 마세요. 나의 한계를 규정하는 것은 나의 한정적 믿음 하나일 뿐, 사실 우리 모두는 무한한 가능성을 지니고 있습니다. 학창 시절 짧은 발표 한 번에도 목소리를 떨던 저는 지금 많은 사람 앞에서 강연을 하고 있고, 과거에는 재능이 없어 꿈도 꾸지 못했던 일들이 어느새 저를 가장 행복하게 만드는 삶의 일부로 자리매김했습니다. 여러분 모두에겐 아직 발견하지 못한 가능성이 무한하게 자리합니다. 스스로에게 조건 없는 응원과 믿음을 선사하세요.

오늘의 확언을 통해 '나는 이미 스스로의 가능성과 한계를 모두 알고 있다'는 착각에서 벗어나길 기원합니다.

내 안에는
내가 발견하지 못한
가능성이 무한하다.

오늘의 확언 :

나는 과거의
상처 또한 나의 일부로
소중히 받아들인다.

"과거의 상처를 붙들고 아파하고 있다면⋯."

나의 상처가 나를 빛내도록 하세요.

살면서 많은 사람에게 수도 없이 많은 상처를 받았지만, 돌아보니 모두 지금의 제가 빛날 수 있도록 도와준 소중한 경험들이더군요. 당시에는 끝이 없는 고통에 만성적인 우울증도 겪고 자존감이 바닥을 쳐 무기력증에 시달리기도 했지만, 모순되게도 지금은 그 경험들이 제가 가장 감사하게 생각하는 대상이에요. 과거의 상처가 내 발목을 잡도록 할지 나를 아름다운 존재로 빛나게 할지는 오롯이 내 선택에 달려있더라고요.

현재는 과거의 반복이 아닙니다. 그렇게 착각하기 쉽지만, 우리는 과거의 반복에서 살아갈 필요가 전혀 없습니다. 상처를 받은 경험이 있다면 그 일로부터 무엇을 배울지 차가운 머리로 분석해 바라보고 앞으로 같은 실수가 없도록 성장의 발판으로 삼아보세요. 아픔으로만 느껴졌던 일들이 나에게 자양분으로 느껴지기 시작하고, 삶이라는 커다란 여정과 나라는 존재의 소중한 일부로 느껴질 겁니다.

여러분 모두는 상처를 보석으로 연마하는 연금술사입니다. 그 사실을 잊지 마세요.

나를 다스리는 확언

나는 과거의
상처 또한 나의 일부로
소중히 받아들인다.

오늘의 확언 :

내 존재는
세상을 환히
밝힌다.

"내가 세상에서 너무 작고 무의미한 존재로 느껴지나요?"
"이렇게 작고 보잘것없는 내가 가진 존재의 의미는 무엇일까요?"

나는 생각보다 많은 사람에게 희망을 전하는 존재입니다.

저는 필요하지 않을 때 스마트폰을 만지지 않는 편입니다. 그러다 보니 길에서도, 카페에서도, 마트에서도 사람들을 조용히 바라보는 습관을 갖게 되었어요. 자리에 앉아 누군가와 통화하며 밝게 웃는 사람도 있고, 길을 걷다 눈이 마주치면 살며시 미소를 짓고 지나가는 행인도 있고, 물건을 계산할 때 따뜻한 말로 인사를 전하는 점원도 있죠. 그들 모두가 제 하루하루를 밝게 비춰주더군요.

우리 모두는 아주 사소한 일로도 크고 작은 희망을 전할 수 있는 대단한 존재입니다. 내 작은 배려가 도움이 필요한 누군가에게 하늘의 섬광처럼 느껴질 수도 있고, 내 미소가 외로운 누군가에게 따뜻함을 전할 수도 있죠. 그리고 타인에게 도움이 됨으로써 행복 호르몬인 세로토닌이 분비되고, 우리는 조금씩 더 높은 자존감을 갖게 됩니다.

세상에 커다란 공을 세워야 대단한 존재가 아니에요. 지금, 이 순간에도 내 안에는 세상에 베풀 수 있는 무한한 사랑이 자리합니다. 내가 그것을 인지하고 나누기 시작하면서 스스로와 연결하고 스스로를 사랑하는 힘이 자라기 시작할 거예요. 이 확언을 반복해 적으며 자신의 존재가 세상에 얼마나 큰 힘이 될 수 있는지 느껴보셨으면 합니다.

내 존재는
세상을 환히
밝힌다.

오늘의 확언 :

모든 답은
내 안에
존재한다.

"도대체 내 인생의 해답은 어디에 있을까요?"

나는 생각보다 지혜로운 사람입니다.

답을 외부에서 구하는 것은 많은 현대인이 가진 습관 중 하나인 것 같습니다. 불과 30년 전과 비교해도 정보에 대한 접근성이 굉장히 용이하고, 어찌 바라보면 지나치게 많은 정보가 존재하죠. 원한다면 언제든 책을 읽을 수도, 유튜브를 시청할 수도, 블로그에 소개된 글을 읽을 수도, 혹은 세미나에 참가해 다른 사람들의 이야기를 들을 수도 있습니다. 그렇게 스스로 생각할 시간이 줄어듦과 동시에 스스로 답을 구할 수 있다는 용기도 잃은 것 아닌가 싶습니다.

게다가 정답은 한 가지이고 반드시 정해져 있다는 생각에 사로잡히기 쉬운 지금인데요. 지구에는 80억 명의 사람이 살아가고 있고, 모든 사람은 제각각의 삶을 삽니다. 한 지붕 아래에서 자라는 형제도 전혀 다른 삶을 사니까요. 하지만 나의 답은 언제나 내 안에 있습니다. 세상에서 얻을 수 있는 정보를 길라잡이로 삼거나 타인에게 영감을 받을 수는 있지만, 내 삶에 답을 제시할 수 있는 사람은 누구도 없습니다. 이유는 간단해요. 그 사람이 내가 아니기 때문입니다.

영감을 받는 것과 답을 찾는 것을 혼동하지 않으셨으면 합니다. 모든 사람은 각자의 통찰과 지혜를 가지고 있고, 자신의 삶에 완벽한 답을 그때그때 구할 수 있습니다. 그래서 자아 성찰을 거듭하고 사유하는 시간을 많이 갖는 것이 중요하죠.

나와 연결할 때야말로 가장 좋은 답을 구하는 시간임을 기억하고, 길을 잃은 듯 느껴질 때마다 이 확언을 반복해 적고 따라 읽어보면 좋겠습니다.

모든 답은
내 안에
존재한다.

오늘의 확언 :

나는 모든 것을 있는 그대로 바라볼 수 있다.

"다들 왜 이렇게 내게 상처를 주는 걸까요?"

"상처받는 것이 두려워 모든 관계가 허망하게 느껴지기도 합니다."

내게 상처를 주는 것은 나 자신입니다.

같은 상황을 겪어도 상처를 받는 사람이 있고, 무심하게 지나는 사람도 있습니다. 누가 더 잘나고 못나서가 아니라 마음에 가지고 있는 숙제가 저마다 다르기 때문인데요. 상처를 받을 때 누구나 가장 쉽게 할 수 있는 선택은 상처를 준 타인을 비난하고 원망하는 것입니다. 하지만 비난과 원망을 반복하면 나는 영원히 상처받는 처지에 남게 됩니다. '상처를 받는다'라는 표현 자체가 타인이 내게 상처를 주고 나는 아무 힘이 없어 당하고만 있다는 뉘앙스를 품기도 해요.

　저 또한 다른 사람들의 말과 행동에 지나치게 예민하게 반응하고 모든 것을 상처로 끌어안으며 많은 시간을 보냈습니다. '나를 좋아한다면 저렇게 말하진 않을 텐데, 역시 사람들은 날 좋아하지 않아' 혹은 '나라면 저러지 않을 텐데. 저 사람은 예의가 없어' 하며 늘 아파했어요. 하지만 어느 순간 제게 상처를 내고 있는 것은 저 자신임을 깨달았습니다. 누군가가 의도적으로 화살을 쏘더라도 지나가게 두면 되는데, 굳이 그 화살을 손바닥으로 막아내곤 아파한 것이죠.

　우리는 모든 상황을 주관적으로 해석합니다. 내면에 쌓인 아픔이 많을수록 나의 결핍과 감정에 따라 나를 아프게 하는 방향으로 해석하는 일이 잦고요. '저 사람이 저런 말을 하는구나' 하고 지나치면 될 것을 '내 약점을 공격하네' 하고 받아들이는 겁니다. '나와 다른 사람을 비교하는 구나' 하면 될 것을 '내가 변변치 않으니 날 깎아내리네' 하고 부정적으로 해석하고요.

세상에서 일어나는 많은 것들을 내 주관대로 해석하지 않고, 있는 그 대로 바라보면 많은 자유가 주어집니다. 나를 아프게 하는 것은 나 자신 임을 알아차리며 이 확언을 반복해 보세요.

나는 모든 것을
있는 그대로
바라볼 수 있다.

✦ 오늘의 확언 :

모든 것은
내가 감당할 수 있는 만큼
주어진다.

"감당할 수 없는 일들로 어깨가 무거운가요?"
"왜 나에겐 힘든 일들이 계속해서 일어날까요?"

힘들어도 나는 이겨낼 수 있습니다.

어깨에 짊어진 일들이 버거워 무너질 것 같다는 생각이 들 때가 자주 있었습니다. 유독 나에게만 힘든 일들이 자주 찾아오는 듯 했고, 그것들을 제대로 소화하지 못하는 자신에게 실망하는 일이 허다했어요. 그러다가 문득 이러지도 저러지도 못하니 스스로의 역량을 믿기로 선택했습니다.

할 수 없을 것 같다고 느껴질 때마다 '모든 것은 내가 감당할 수 있기 때문에 주어진다'고 스스로에게 들려주었습니다. 이것을 습관화하고 나니 모든 문제를 대하는 자세가 달라졌죠. 더 이상 스스로를 유약하고 힘 없는 존재로 보지 않게 되니 피해의식과 감정기복, 무기력증, 우울증 모두가 개선되었습니다. 나는 대단한 일을 할 사람은 아닐 수 있지만, 내게 일어나는 일 정도는 극복할 수 있다는 자신감이 생겼으니까요.

내가 이겨낼 수 없는 일은 주어지지 않습니다. 마음이 뿌예지면 해결책이 보이지 않고 세상에 홀로 남겨진 듯 느껴질 수 있지만, 깨끗하게 마음을 비우고 침착하게 들여다보면 모든 문제에는 빠져나갈 길이 있습니다. 세상이 무너진 것 같아도 빛이 들어올 틈은 있더라고요. 각각의 문제를 돌파할 때마다 나는 더 강해지고 지혜로워지겠죠? '할 수 없을 것 같다'라는 생각이 들 때마다 오늘의 확언을 자신에게 들려주세요.

나를 다스리는 확언

モ든 것은
내가 감당할 수 있는 만큼
주어진다.

오늘의 확언:

나는 내 생각과 감정을 편안하게 소통할 수 있다.

"내가 원하는 걸 누군가와 소통하려면 감정적으로 힘이 드나요?"

"느끼는 것과 원하는 것을 담담하게 이야기하기 참 어렵죠?"

스스로를 편안하게 표현하세요.

자기 생각이나 감정을 담담히 소통할 줄 아는 사람들이 많지 않습니다. 건강하게 소통하고자 시작한 대화가 감정적으로 이어지거나 싸움이 되는 일도 잦은데요. 그렇게 상처가 쌓여가고 마음의 문을 닫게 돼요. 그런데 나 자신을 받아들이고 인정하는 것, 더 나아가서 자신을 사랑하는 것에 있어서 내 생각과 감정을 있는 그대로 표현하는 것은 굉장히 중요합니다.

많은 이들이 자기 생각과 감정을 있는 그대로 받아들이지 않습니다. 늘 맞고 틀림으로 분별하죠. '이런 생각을 하면 안 돼' 혹은 '이런 감정은 수치스러운 거야'처럼 스스로 분별하니 소통하는 과정에서도 내 생각과 감정을 솔직히 이야기하기보다 상대를 비난하거나 심지어 입을 닫습니다. 그렇게 상대의 자아는 내게 위협을 느끼게 되고, 그 자신을 지키기 위해 마찬가지로 방어적인 혹은 공격적인 자세를 취하죠. 그럼 나는 또 그것으로부터 상처를 받게 되는 악순환이 이어집니다.

생각과 감정을 소통하는 일에 있어 잦은 아픔을 경험했다면 소통을 포기하기보다 방법을 바꾸기로 선택하세요. 상대의 입장도 이해하고 공감해주는 동시에 내 생각과 감정을 들려주는 연습을 해보세요. 그 과정을 시작하는 것에 이 확언이 도움이 될 겁니다.

나는 내 생각과
감정을 편안하게
소통할 수 있다.

오늘의 확언 :

나는
내 삶의
주인이다.

"분명 내 인생인데, 내 것 같지 않을 때가 있죠."

주체적으로 삶을 영위하세요.

건강한 자존감을 일구려면 내 삶의 주인으로 살아야 합니다. 인정욕구나 질투심, 피해의식 등으로 나의 중심을 잃으면 점점 외부 요건에 끌려다니는 삶을 살게 되거든요.

저 또한 사회적 통념에 맞추어 잘 살아가는 사람들을 보며 중심을 잃고 방황한 시기가 있습니다. 남들을 따라 아무리 애를 써도 삶은 나아지기는커녕 더욱 불행해지더군요. 어느 날, 스스로와 너무나 단절되었음을 깨닫고는 내면의 목소리에 귀를 기울이기 시작했어요. 그렇게 점점 행복한 삶으로 향하게 되었죠.

누구보다 내가 나를 먼저 인정해 주고, 타인을 따라잡으려 하기보다 진정 내가 원하는 것에 집중하고, 남을 탓하고 비난하기보다 내가 할 수 있는 것들에 집중하는 습관을 가지면 내 삶의 주인으로 살 수 있습니다. 한 번 사는 인생, 소중한 정원을 가꾸듯 내가 원하는 방향으로 아름답게 살아가야 하지 않겠어요? 마음에 드는 씨앗을 뿌리고, 촉촉하게 물을 주고 적당한 관리를 해주면서 말이에요.

외부 자극에 흔들려 중심을 잃을 때마다 이 확언을 통해 주인 의식을 되찾길 바랍니다. 내 삶을 살 수 있는 것은 나 자신뿐임을 기억하세요.

나는
내 삶의
주인이다.

오늘의 확언 :

나는 평온과
풍요를 누릴 자격이
충분하다.

"내가 좋은 것들을 가질 자격이 없다고 느낀 적이 있나요?"

"내 주제에 저런 삶을 누릴 수 있을까 의심하나요?"

자신에게 누릴 자격을 선물하세요.

저는 자존감이 낮았던 시절, 원하는 것들을 바라보며 '나는 자격이 없어' 라는 생각을 자주 했습니다. 그래서 결국 기회가 주어져도 무의식중에 밀어내고 저항하기 일쑤였어요. 사실 우리 모두는 맑고 아름다운 아기의 모습으로 세상에 찾아왔습니다. 과연 아기들을 보며 좋은 것들을 누릴 자격이 없다고 말할 수 있을까요?

저는 '나 자신도 한때는 하염없이 사랑스러운 아기였고 지금도 그 모습을 깊은 곳에 간직하고 있음에도 불구하고, 외부 세상을 통해 익힌 것들로 자신에 대한 분별이 심해졌을 뿐이구나'라는 걸 깨닫고 나서 많이 자유로워졌습니다.

세상에는 무언가를 누릴 자격이 있는 사람과 없는 사람이 있는 것이 아니라 스스로에게 자격을 부여하는 사람과 그렇지 못한 사람이 있을 뿐입니다. 스스로에게 좋은 것들을 누릴 자격을 주세요. 나는 평온한 마음과 모든 풍요를 누릴 자격이 충분합니다.

'내가 저런 걸 가질 수 있을까?' 혹은 '내 주제에 무슨…'이라는 생각이 찾아올 때마다 이 확언을 떠올려보셨으면 좋겠습니다. 여러분은 모든 것들을 누릴 자격이 충분합니다.

나를 다스리는 확언

나는 평온과
풍요를 누릴 자격이
충분하다.

오늘의 확언 :

나는 매일
더 나은
나 자신이다.

"남들보다 나은 존재가 되려 자기계발하고 있다면….."
"자기계발의 함정에 빠져 자괴감에 시달리지 마세요."

자기계발은 자기사랑과 상충하지 않아요.

자기계발이 화두가 되는 이 시대에서 적잖은 사람들이 자괴감에 시달립니다. 더 열심히 그리고 더 치열하게 노력하지 않는 것에 대해 저항감과 두려움 모두를 느끼죠. 시간을 쪼개어 금같이 쓰고 스스로 더 몰아세우지 않으면 어쩐지 세상에서 도태될 것 같다는 생각도 듭니다.

자존감을 지키며 자기계발을 해 나아가기 위해서는 '남들보다 나은 나'보다 '어제보다 나은 나'에 집중하는 것이 중요합니다. 살아남기 위한 자기계발이 아닌 스스로 사랑하기 위한 자기계발을 해야 하는 것이죠. '누구'보다 나아질 필요가 없습니다. 모든 사람에겐 자신만의 길이 있고, 나는 나의 길을 묵묵히 걸으면 되니까요. 경쟁하려는 마음에서 스스로를 사랑하는 마음으로 의식을 돌려야 해요.

어떤 것을 선택해서 얼마나 노력하고 있든 나는 분명 어제보다 더 나을 것이고, 오늘보다 내일 더 나아질 거예요. 자꾸만 외부로 향하는 의식이 자신을 아끼고 돌볼 수 있도록, 내면을 향하도록 하는 것에 이 확언이 도움이 되었으면 합니다.

나를 다스리는 확언

나는 매일
더 나은
나 자신이다.

오늘의 확언 :

나는
스스로를 믿고
지지한다.

"유독 스스로에게 불친절하고 엄한 우리, 괜찮을까요?"

나는 나의 가장 친한 친구입니다.

자존감이 높아 늘 행복하게 지내는 친구 한 명이 이런 이야기를 한 적이 있습니다. "죽는 그 순간에 나와 함께인 건 사실 나 자신뿐이잖아. 그래서 난 나에게 가장 친한 친구이고 싶어"라고요. 어떤 일을 겪든 자신에게 든든한 지지자가 되어주는 그 친구의 마음이 느껴져서 저도 가슴이 따뜻했어요.

사실 나를 가장 잘 알고, 나에게 가장 친절하고, 나를 가장 사랑하는 것은 나 자신이어야 합니다. 그랬을 때야 비로소 세상 전체와 연결됨도 느끼고 평온한 마음을 누리며 살 수 있어요. 하늘은 스스로 돕는 자를 돕는다고 하죠. 내가 나에게 친절할 때 세상도 나에게 친절해짐을 나타내는 말이에요.

나는 나의 지지자인가요? 아니면 늘 토를 달고 사기를 꺾는 반대자인가요? 다른 사람들에게는 늘 아낌없는 응원을 보내지만, 정작 스스로에게는 냉랭한 모습으로 살고 있진 않은가요? 잠시 눈을 감고 두 손을 가슴에 포개어 얹은 후 스스로에게 따뜻한 마음을 베풀어주세요. 이 확언을 통해 스스로의 가장 큰 지지자가 되어주었으면 합니다.

나는
스스로를 믿고
지지한다.

오늘의 확언 :

나는 내게
도움이 되지 않는
생각들을 내려놓는다.

"나를 괴롭히는 생각들이 끝없이 이어지는 날…."

아름다운 꽃이 피도록 맑은 물을 주세요.

자신을 돌보는 과정에서 스스로를 소중한 정원이라 여기기로 마음먹으면 마음이 길을 잃고 방황할 때마다 중심을 잡는 데 도움이 됩니다. 우리 집에 작고 예쁜 정원이 있다면 원하는 식물들을 심고 꾸준히 물을 주고 소중히 가꾸겠죠? 정원을 어지럽히려고 잡동사니를 가져다 두거나, 내 마음에 들지 않는 식물을 심지는 않을 거예요. 하지만 모순되게도 우리는 행복해지고 싶다고 염원하면서 우리를 불행하게 만드는 생각들로 많은 시간을 보냅니다. 우리 두뇌는 굉장히 많은 양의 에너지를 소비하기 때문에 잡념에 끌려다니는 일상을 반복하면 만성적인 피로를 겪게 되고, 그에 따르는 육체적 문제까지 초래할 수 있어요.

  해도 되는 생각과 하면 안 되는 생각이 있는 건 아니에요. 다만 나를 돕는 생각과 돕지 않는 생각이 있죠. 내 정원에 어떤 씨앗을 뿌리고 어떻게 가꿀지는 오롯이 내게 달려있습니다. 나 말고는 정원을 가꿀 수 있는 사람이 아무도 없어요. 부모님도, 배우자도, 친구도, 자식도 해줄 수가 없습니다. 나를 힘들게 하는 생각에 사로잡힐 때마다 되뇌어보세요. 나는 내게 도움이 되지 않는 생각들을 내려놓는다고요. 그리고 아름다운 꽃들이 피어나도록 '나'라는 정원을 소중히 가꾸는 겁니다.

나는 내게
도움이 되지 않는
생각들을 내려놓는다.

오늘의 확언 :

나는 매 순간
두려움 대신
사랑을 선택한다.

"반복되는 두려움이 소중한 날 집어삼키지 않도록."

두려움은 사랑으로 극복할 수 있습니다.

인간의 에고는 두려움을 토대로 성장합니다. 그렇게 자라난 에고가 더 큰 두려움을 일으키고, 그 두려움을 통해 에고가 더욱 성장하는 악순환이 이어집니다. 두려움을 완전히 해소할 수 있는, 인간이 가진 가장 큰 무기는 사랑입니다. 거절당하는 것이 두려울 때, 도전하는 것이 두려울 때, 내가 사랑하는 혹은 나를 사랑하는 마음에 집중하면 두려움이 사라집니다. 그 사랑이 나를 향한 것이든 타인을 향한 것이든 무관합니다. 긴박한 상황에서 위험을 무릅쓰고 누군가를 구한 사람들에게 '어떻게 두려움을 극복했냐' 물으면 두려움을 크게 느끼지 않았다고 이야기합니다. 그 대상을 사랑하는 마음이 발휘되니 두려움이 일어나지 않은 것이죠.

　사랑은 애착, 혹은 좋아하는 마음과는 거리가 있습니다. 보상받고 싶은 마음이나 에고가 일으키는 욕심은 사랑에 포함되지 않습니다. 사랑은 대상을 있는 그대로 수용하는 마음이에요. 분별 없이 나의 일부로 받아들이는 것이죠. 신생아를 바라보면 인간이 본질적으로 사랑이라는 것을 알 수 있습니다. 여러 경험과 왜곡된 인식을 반복하며 그 사랑을 느끼는 방법을 잊어왔을 뿐이에요. 두려움이 느껴질 땐 사랑을 느끼길 선택하세요. 우리 내면의 힘에 집중하면 두려움은 자취를 감출 거예요.

나는 매 순간
두려움 대신
사랑을 선택한다.

오늘의 확언 :

나는 내가
컨트롤할 수 있는 것들에
집중한다.

"왜 내 뜻대로 되는 게 없을까요?"

"나만 빼고 모두 행복해 보여요."

행복의 비결은 내가 집중하는 곳에 있습니다.

해가 동쪽에서 뜨는 것이 싫으면 매일 아침이 괴롭습니다. 내리는 비에 짜증을 내면 하루 종일 기분이 안 좋죠. 봄에 피는 꽃들이 미우면 길을 걷는 게 고통일 거예요. 마찬가지로 타인이 나를 어떻게 생각하는지, 타인이 어떤 말과 행동을 하는지, 타인이 어떤 결정을 내리는지 등은 내가 컨트롤할 수 있는 것들이 아닙니다. 반면 삶에는 내가 컨트롤할 수 있는 것들이 굉장히 많아요. 내가 어떤 말과 행동을 할지는 내가 결정하죠. 어떤 음식을 먹고 얼마나 운동을 할지도 내가 컨트롤합니다. 또, 나는 웃고 싶을 때 웃을 수 있고, 울고 싶으면 울 수 있어요.

행복의 비결 중 하나는 내가 컨트롤할 수 있는 것들에만 집중하는 겁니다. 내가 컨트롤할 수 없는 것들을 컨트롤하려는 마음은 집착과 욕심이에요. 어차피 내 뜻대로 안 되는 것들에 집중하면 시간과 에너지를 허비하는 것은 물론이고, 불행한 마음으로 향하죠.

내가 컨트롤할 수 없는 것들에 불편한 마음을 일으키는 나 자신을 알아차릴 때마다 '나는 지금 해가 뜨는 방향을 내가 정하려 드는구나' 알아차리고 이 확언을 반복해 보세요.

나는 내가
컨트롤할 수 있는 것들에
집중한다.

오늘의 확언 :

나는 걱정을 멈추고 꿈꾸는 즐거움을 선택한다.

"꿈을 좇는 것 자체가 사치로 느껴지나요?"

걱정이 발목을 잡지 않도록 하세요.

원하는 것이 있을 때, 많은 사람은 되려 꼬리의 꼬리를 무는 걱정을 합니다. 아직 오지 않은 미래에 대해 일어나는 '안 되면 어떡하지?'라는 생각은 실체도 목적도 없는데 말이에요. 큰 꿈을 품는 것은 과대망상이 아닐까 의구심을 갖기도 합니다.

내가 목표로 한 것이 이루어지든 이루어지지 않든, 목표로 향하는 과정의 매 순간이 즐겁다면 결과가 내가 원한 것이 아니더라도 충만함을 느낍니다. 그 과정에서 배운 것들은 돈으로 살 수 없는 것들이거든요. 정확한 목표가 이루어지지 않았더라도 나는 이미 굉장히 성장했다고 느낄 수 있고, 그렇기에 더 큰 꿈을 그릴 수 있구나 깨닫게 됩니다. 꿈꾸는 즐거움은 과정을 즐길 수 있는 원동력이 되어줄 겁니다.

반복된 실패로 자존감이 떨어졌다면 정말로 나는 아무것도 배우지 않았는지, 10년 전의 나와 지금의 나는 어떤 발전도 없이 그대로인지 냉철하게 따져보세요. 목적 지향적인 생각으로 스스로를 낮추어 보고 있진 않은지 말이에요. 결국 원하는 것을 얻는 사람은 잘난 사람도 똑똑한 사람도 아닌 매 순간을 즐기는 사람입니다. 걱정을 멈추고 꿈꾸는 즐거움을 누리세요. 여러분은 매 순간 즐거움을 만끽할 자격이 충분하니까요.

나는 걱정을 멈추고
꿈꾸는 즐거움을
선택한다.

오늘의 확언 :

나는 신성한
내 몸을
잘 돌보고 아긴다.

"하나뿐인 내 몸을 돌보고 있나요?"

건강한 몸에 건강한 마음이 자리합니다.

건강한 몸에 건강한 영혼이 깃든다는 말이 있죠. 인간은 육체에 기반을 두고 살아가기 때문에 육체가 건실하지 않으면 마음을 돌보는 것도 어렵습니다. 아무리 자신을 사랑하려 노력해도 만성피로에 시달리고 있거나, 소화 기능이 약하고 여기저기 통증을 느낀다면 생각과 감정에 끌려다니기 십상이거든요. 그래서 몸과 마음을 함께 돌보는 것이 중요합니다. 수행하는 종교인들이 먹는 것을 가리고 과식하지 않으며 음주를 멀리하는 이유가 여기에 있습니다.

당장 큰 문제가 없어서 건강을 관리할 동기가 생기지 않는다면, 내 몸이 신성한 어떤 것을 모시는 사원이라고 여겨보세요. 종교의 유무와 무관하게 말이에요. 실제로 우리 모두의 마음은 고결하고 신성합니다. 당장은 에고에 가려져 탁해 보일 수 있지만요. 그리고 내가 무언가 먹을 때, 마실 때, 운동할 때 늘 그 사원을 관리하고 있다고 생각하는 겁니다. 마음이 괴로워 힘들다면, 그리고 이 문제를 어떻게 해결해야 할지 모르겠다면, 그 마음이 깃든 사원부터 소중하게 관리하며 마음이 나아질 토대를 마련하는 것이죠. 이 확언을 반복하며 내가 나의 몸을 얼마나 귀하게 대접하고 있는지 돌아봤으면 좋겠습니다.

나는 신성한
내 몸을
잘 돌보고 아낀다.

Day 26~50

✦

편안한 인간관계를 위한 확언

타인을 통해 나를 알아가세요.

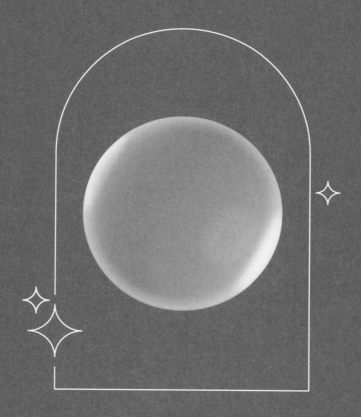

나를 비추어주는
성찰의 도구

◆

DAY 1~25 나를 다스리는 확언 챕터의 들어가는 말에서 인간의 에고에 대해 간략히 설명했습니다. 인간으로서의 우리가 만들어낸 정체성이 에고인데요. 인간관계의 문제는 한 사람 한 사람의 에고가 충돌하며 일어난다고 보면 이해하기 쉽습니다. 결핍 혹은 숨겨진 상처가 없는 사람은 드물고, 각자 자신의 구멍 난 가슴을 토대로 서로에게 기대하는 바, 원하는 바를 만들어냅니다. 그리고 더 나아가서는 자신의 구멍을 가리려는 방식으로 소통하기 때문에 얽히고 설킨 복잡한 관계들이 설정되는 것이죠.

저는 모든 사람을 '나와 다른 사람' 혹은 '나와 맞지 않는 사람' 대신 '나를 비추어주는 거울'로 바라보고 생활합니다. 그렇게 제 에고를 내려놓고 타인을 통해 내가 세상을 어떻게 바라보는가를 배우죠. '저 사람은 이런 사람이다'라며 타인의 존재를 고정불변의 값으로 바라보는 게 아니라, '저 사람을 내가 이렇게 보는구나' 하고 내 에고가 그를 어떻게 해석하는지 배우는 겁니다.

관계에서 생기는 문제들의 답은 늘 내 안에 있습니다. 상대를 통해 느끼는 모든 감정의 원인이 결국은 내 에고 안에 존재하거든요. 이것을 깨닫고 나면 삶이 한결 자유롭고 편안해집니다. 내가 느끼는 것들의 통제권이 남이 아닌 나에게 있으니까요.

오늘의 확언 :

내 삶에 존재하는
모든 인연에
감사하다.

"나를 불편하게 하는 사람과 손절하고 싶나요?"
"귀하지 않은 인연은 하나도 없습니다."

좋은 인연, 나쁜 인연 모두 귀하게 여기세요.

살다 보면 좋은 사람과 나쁜 사람을 끊임없이 가르게 됩니다. 내게 도움을 주고 사랑해 주는 사람은 좋은 사람 카테고리에 분류하고, 나를 불편하게 하거나 상처주는 사람은 나쁜 사람 카테고리에 분류하죠. 최근 들어 인간관계의 손절 열풍이 불며 내게 조금이라도 불편을 끼치면 바로 인연을 끊는 것이 멋진 것으로 받아들여지기 시작했는데요. 어쩐지 점점 인연을 쉽게 맺고 끊게 되는 것 같다는 생각이 듭니다.

내 삶에 필요하지 않은 인연은 내게 오지 않습니다. 좋은 인연은 누군가가 내게 좋은 사람일 때 만들어지는 것이 아닙니다. 내게 불편을 일으키고 나를 힘들게 하는 관계라도 내가 그 안에서 크게 배우고 성장한다면 좋은 인연이죠. 모든 관계는 우리를 다양한 방향으로 성장하도록 합니다. 당장 내 눈에 만족스러운 방향이 아니더라도요.

나를 불편하게 하는 사람이 있다면 그를 통해 나에 대해 배우세요. 내 안에 어떤 것이 억눌려 있길래 상대의 특정 말과 행동이 불편함을 일으키는지, 그리고 어떤 관점을 가지면 내 마음이 나아질지 등을 돌아보며 나와 연결하세요. 내 삶의 인연 하나하나에 감사하며 성장하는 과정에 이 확언이 도움이 될 거예요.

내 삶에 존재하는
모든 인연에
감사하다.

Day 27　　오늘의 확언 :

모든 끝은
새로운
시작이다.

"헤어짐, 참 힘들죠."
"끝난 인연에 아파하고 있나요?"

모든 인연은 순리대로 흐릅니다.

자연에는 삶의 진리가 모두 담겨있습니다. 나무들은 봄이 되면 싹을 틔우고, 여름에 가장 크게 성장하며, 가을에는 잎을 떨구기 시작해 마른 몸으로 겨울을 지냅니다. 다시 봄이 돌아오면 잎이 떨어진 자리에 새로운 싹들을 틔우죠. 늘 가장 자연스러운 순환 속에 삽니다.

우리들의 삶 이곳저곳을 채우고 있는 인간관계도 마찬가지예요. 우리는 우리가 알든 모르든 서로의 삶에 특정 역할을 가지고 있고, 그 역할이 끝나면 인연이 자연스레 끊어집니다. 나뭇가지에서 떨어져야 할 잎들이 떨어지지 않는다면 그 자리에는 새싹이 돋을 수 없어요. 무언가를 잃을 때마다 새로운 것, 혹은 더 좋은 것이 찾아오기 위함이다 생각하면 한결 편안합니다. 더 좋은 것을 맞이할 마음의 준비가 되니 실제로 더 좋은 것들이 찾아오고요.

내가 누군가를 떠날 때보다, 누군가가 나를 떠나갈 때 마음이 더 아플 수 있습니다. 내게 문제가 있어서인 것 같고, 내가 충분히 좋은 사람이 아니라 일어난 일처럼 느껴지거든요. 내가 어떤 실수를 해 상대가 떠나갔다 하더라도 괜찮습니다. 실수를 했다면 죄책감에 빠져 지내기 보다 '무엇을 배울 수 있을까'에 집중해 나를 개선하는 방향으로 의식을 돌리세요.

편안한 인간관계를 위한 확언

084

이별 자체가 문제가 아니라, 그 이별이 우리에게 어떤 것을 느끼게 하는지가 문제입니다. 모든 것에는 끝이 있고, 그 끝은 하나의 새로운 시작임을 받아들이세요. 그리고 종착역에 이를 때마다 내가 배울 수 있는 것을 찾아 확장의 기회로 삼으세요.

모든 끝은
새로운
시작이다.

오늘의 확언 :

사랑은
내 마음의 가장
강력한 무기이다.

"준 만큼 못 받을까 봐 두렵나요?"
"풍족한 현대 사회에 가장 부족한 것은 사랑."

사랑을 통해 난공불락의 힘을 기르세요.

물질적으로는 풍족해졌지만, 삶이 각박해지면서 많은 사람의 마음이 닫혀만 갑니다. 부족했던 시절에는 어디서든 찾아볼 수 있던 정이나 베풂은 점점 사라지고, 모두 스스로를 지키기에 급급해요. 무언가에 쫓기듯 살고 사소한 말 한마디를 공격으로 받아들여 상대를 비난하거나 밀어내는 일도 흔하죠. 모든 인간의 기본 욕구 중 하나인 사랑받고자 하는 욕구가 채워지지 않는 상황이 반복되며 마음이 닫힙니다. 불안을 느낄 때마다 우리의 에고는 강해지거든요. 그럴 때 쓸 수 있는 묘약이 사랑을 느끼고 나누는 거예요. 에고는 두려움을 먹고 자라나지만, 두려움을 이기는 유일한 무기가 바로 사랑입니다.

남을 공격하는 말을 일삼거나 차가운 성격을 가지면 자신을 지키는 것이라 생각하기 쉽습니다. 하지만 그럴수록 외로워지고 마음 깊은 곳의 고립감은 커져만 갑니다. 사랑받고 싶음을 인정하고 솔직하게 표현하며 내가 받고 싶은 만큼 주변에 베풀면 될 문제인데, 또 상처받을까 두려워집니다. '내가 준 만큼 못 받을 거야' 혹은 '이렇게 행동하면 쿨하지 않아 보이겠지?' 하는 잡념들이 머리를 헤집어 놓으니까요.

세상을 지키는 것은 총과 방패가 아닌 사랑이며, 내 마음의 유일하며 강력한 무기도 사랑임을 인지해 보세요. 우리 모두에게는 무한한 사랑이 내재되어 있고, 그걸 발견하고 그것과 연결하는 사람이야말로 어떤 상황에서도 무너지지 않는 강한 사람이거든요.

사 랑 은
내 마 음 의 가 장
강 력 한 무 기 이 다 .

오늘의 확언 :

서로
기대어 사는 것이
인생이다.

"혼자는 외롭지만, 누군가를 책임지기는 부담스러워요."
"독립적 개인들로 우리 사회가 약해지고 있어요."

인간은 사회적 동물입니다.

호랑이들은 단독 생활을 합니다. 사냥을 비롯한 모든 활동을 혼자 하죠. 사자들은 무리를 지어 삽니다. 함께 사냥하고 새끼를 키우며 공동체 안에서 모든 것을 해결합니다. 호랑이들은 혼자 살아도 문제가 없지만, 사자들은 혼자가 되면 오래 버티지 못하고 죽습니다. 인간도 마찬가지예요. 우리는 사회적 동물입니다. 인간은 250만 년 전부터 공동체 생활을 했어요. 부족 단위에서 마을 단위로 변화했고, 온 마을이 함께 식량을 수확하고, 아이들을 키우고 교육하며, 기쁨과 슬픔을 함께 나누었습니다.

　이런 우리의 본성과 반대로 요즘의 사회는 점점 더 독립심을 강요하고 있습니다. 의존하는 사람은 짐처럼 대하거나 모자란 사람 취급을 하기도 하죠. 먹고 살기 힘드니 남을 챙기기 힘든 것은 사실입니다만, 이렇게까지 서로와 분리할 이유는 없습니다.

　의존성이 강해 남들에게 피해가 될까 괴롭거나 독립심이 강해 외로우면서도 의존적인 사람들이 부담스러운 분들께 이 확언이 도움이 되었으면 합니다. 각자의 삶을 꿋꿋이 살면서도 감정적으로, 또 물리적으로 서로 돕고 도움받는 것이 우리에게 가장 자연스럽고 건강한 상태니까요.

서로
기대어 사는 것이
인생이다.

Day 30 ✦   오늘의 확언 :

도움받기를 허용하면
더 큰 풍요가
주어진다.

"도움을 받을 때마다 자신이 민폐라 느껴진다면…."

스스로를 번아웃 증후군에 몰아넣지 마세요.

누군가에게 도움 청하는 것을 굉장한 폐를 끼치는 것처럼 느끼는 사람들이 많습니다. 아무리 지치고 피곤해도 뭐든 내 힘으로 일단 해보려 애쓰는 일이 흔하죠. 심지어 누군가가 도움을 주고 싶어 손을 내밀어도 한사코 거절하고요. 그렇게 크고 작은 힘듦이 쌓여 번아웃 증후군으로 이어집니다.

하지만 앞서 언급했듯 인간은 사회적 동물이고, 언제나 서로 도우며 공동체 생활을 해왔으며, 지금의 사회에서는 더더욱 서로의 도움이 절실합니다. 좋은 것을 누리는 것에 대한 죄책감이나 완벽하게 모든 것을 혼자 해결할 줄 아는 대단한 사람이고 싶은 욕심 때문에 나를 향하는 손길을 거절해 버릇하면 삶은 힘들어질 수밖에 없어요. 마음의 짐을 조금 내려놓고, 도움을 청해보세요. 누군가에게 나를 돕는 기쁨을 선물한다는 마음을 가져보세요.

우리가 더 많은 것들을 허용하고 받아들일 때 삶은 우리에게 더 큰 풍요를 가져다줍니다. 나를 돕는 기쁨을 선물하고, 내 힘듦도 조금 덜고, 또 도움받는 경험을 통해 누군가와 마음으로 연결하는 경험도 가질 수 있으니 시도하지 않을 이유가 없습니다.

편안한 인간관계를 위한 확언

도움받기를 허용하면
더 큰 풍요가
주어진다.

오늘의 확언 :

내가 나에게
좋은 사람일 때 모두에게
좋은 사람이 된다.

"나는 나보다 남에게 좋은 사람인가요?"

좋은 사람이라고 인정받을 이유가 없습니다.

물컵에 물이 반만 채워져 있을 때 목마른 이들에게 물을 나누어주다 보면 어느새 내 컵은 빈 컵이 됩니다. 내가 채워져 있지 않을 때 좋은 사람으로 인정받고자 하는 마음 때문에 필요 이상의 것들을 내어주는 습관을 가지면 내가 고갈되어 앓아눕게 돼요. 반면 내 컵이 가득 채워지고 물이 흘러넘치면 자연스레 주변을 적시게 됩니다. 내가 스스로를 채워 넣는 것에 숙련된 사람이 아니라면 타인을 돕는 것에도 경계선이 필요한 이유입니다.

좋은 사람은 '자신의 것을 포기하고 많은 것을 희생하는 사람'이라는 인식이 흔합니다. 게다가 착한 아이일 때만 사랑받는다고 느낀 어린 시절을 보냈다면 세상이 말하는 착한 일을 했을 때 듣게 되는 찬사의 달콤함을 이기기 어려워요. 하지만 내가 베푸는 공감과 친절의 대상에 내가 포함되어 있지 않다면 그것은 참된 공감과 친절이 아닙니다.

내가 자신은 전혀 돌보지 않으면서 남을 돕는 것에 혈안이라면 그 이유가 무엇인지 돌아보세요. 정말 그 사람의 행복을 위해서인지, 그가 내 수고를 인정해주지 않아도 괜찮은지, 그리고 혹시 내가 나를 돕지 못해 괴로운 마음을 남을 도움으로써 해결하려는 게 아닌지도요.

내가 나에게
좋은 사람일 때 모두에게
좋은 사람이 된다.

타인은
내 마음을 비추는
소중한 거울이다.

"불편한 사람, 참 많죠?"

억눌린 마음이 타인을 향한 불편함으로 나타납니다.

다양한 사람을 대하다 보면 반드시 불편함을 마주하게 됩니다. 그럴 때 우리는 거의 자동 반사적으로 그 사람을 비판하거나 깎아내리는데요. 저는 어떤 상황에서든 불편한 마음이 올라오면 상대에게 문제를 찾기보다 '이게 왜 불편할까?'를 스스로에게 묻는 습관을 갖고 있습니다. 상대와 해결할 문제가 있다면 언젠간 해결해야겠지만, 내 안에 무엇이 있는지를 아는 것이 제 마음의 평온에 가장 중요하다 믿거든요.

같은 상황을 겪고 나는 불편했지만 함께 있던 사람은 전혀 불편하지 않았다고 하는 경우가 있죠? 우리는 각자 불편함을 느끼는 것이 모두 다릅니다. '성격'이 달라서라고 표현하기도 하지만 사실 '내면에 담긴 것'이 다르기 때문입니다. 모두 다른 삶을 살았고, 다른 경험들을 했고, 다른 감정적 축적물을 쌓아왔기 때문에 모두의 트리거Trigger가 다른 겁니다.

타인은 나를 비추어주는 거울입니다. 내 안의 문제를 내가 인지하도록 남들이 돕는 겁니다. 남을 탓하는 대신 자신과 연결해 감정의 응어리들을 하나씩 해결해 보세요. 상처가 배움으로 승화되면 인간관계의 불편함들이 사라집니다. 인간관계의 불편함이 사라진다니, 얼마나 큰 자유인가요?

편안한 인간관계를 위한 확언

타인은
내 마음을 비추는
소중한 거울이다.

오늘의 확언:

내가 나를
대하는 방식으로
세상이 나를 대한다.

"어째서 세상은 내게 늘 상처를 주는 것인지…."

모든 관계의 밑바탕은 나와 나의 관계입니다.

많은 사람이 상처를 주고, 받기를 반복하며 살아갑니다. 사회생활과 인간관계 전반이 어렵다고 느끼며, 사람들과 있을 때 늘 긴장하기 때문에 녹초가 되어 귀가하고, 혼자 있는 시간에도 지난 일을 곱씹는 데 많은 시간을 쓰기도 하죠. 가족 관계는 어떤가요? 가장 편안해야 할 관계가 가끔은 가장 불편하고 아픈 관계가 되기도 해요.

이런 모든 관계에서 세상은 내가 나를 대하는 방식으로 나를 대합니다. 내가 나를 소중히 여기고 존중하면 세상 또한 나를 그렇게 대합니다. 대부분의 사람이 외부의 인정을 갈망하며 살아가기 때문에, '좋은 사람' 혹은 '능력 있는 사람' 타이틀을 얻고자 스스로에게 가장 야박하게 굽니다. 충분히 쉴 시간을 제공하지 않고, 크고 작은 성취에 대해 칭찬과 격려를 베풀지 않으며, 끊임없이 재촉하고 비판하느라 여념이 없어요. 세상이 내게 야박하게 군다면 내가 나에게 야박한 것입니다. 세상이 날 무시한다면 내가 나를 낮추어 보고 있을 뿐입니다. 세상이 쉴 틈을 주지 않는다면 내가 내게 쉼을 제공하지 않는 것입니다. 내가 나를 대하는 방식이 세상을 통해 드러남을 인지하고 나면 모든 관계가 나아집니다. 오늘의 확언을 반복해 적으며 스스로를 어떻게 대우하고 있는지 알아차려 보세요.

내가 나를
대하는 방식으로
세상이 나를 대한다.

오늘의 확언:

나는 나를
증명할 필요가
없다.

"나는 그런 사람이 아닌데….."
"오해받는 억울함에 괴롭다면."

오해를 풀고 싶지 않은 마음은 그의 문제입니다.

오해를 받는 것은 썩 기분 좋은 일은 아닙니다. 누군가가 나를 오해하는 순간 나의 인간 자아인 에고는 '나는 그런 사람이 아니야!'라며 상대에게 납득시키고 싶어 합니다. 나의 자아상이 상대가 생각하는 내 모습과 다름을 용납할 수 없죠.

물론 기회가 주어진다면 나를 해명하면 됩니다. 문제는 상대가 나를 이해할 의향이 없을 때도 있다는 것이죠. 이렇게 되면 삽시간에 억울하고 답답한 감정이 나를 집어삼킵니다. 어떻게 해서든 내가 나쁜 사람이 아님을 증명하고 싶으니까요.

오해를 풀고자 내가 할 수 있는 노력을 했다면 내 임무는 거기서 끝입니다. 누군가를 오해해 기분이 상했다면 그 오해를 풀고 더 나은 기분을 느끼고자 하는 것이 자연스럽지 않은가요? 그런데 상대가 나에 대한 오해를 풀지 않고 기분 나쁜 상태를 유지하고자 한다면 그건 그 사람의 선택입니다.

그에게 내가 원하는 모습으로 인정받으려는 마음을 알아차리고 오히려 내게 더 좋은 사람이 되어보세요. 건강한 소통은 한 사람의 의지만으로 이루어지지 않습니다.

나는 나를
증명할 필요가
없다.

오늘의 확언 :

나도 맞고
그도 맞다.

"의견이 반박당하면 왜 자존심이 상할까요?"

절대적인 사실은 존재하지 않습니다.

인간의 에고는 모든 것을 오른쪽 왼쪽, 위아래, 좋고 나쁨, 맞고 틀림 등 이원적으로 바라봅니다. 그래서 인간은 모든 것에서 시시비비를 가리며 살아갑니다. 물론 여럿이 모여 사는 곳에서 옳은 일과 그른 일을 나누는 것은 반드시 필요한 일일 거예요. 개인의 욕심으로 타인의 권리를 침해하지 않도록 우리는 규칙과 법을 만들죠.

하지만 개인적인 관계에서 의견을 주고받을 때조차 맞고 틀림의 분별에 매몰되면 영원한 갈등을 경험할 수밖에 없습니다. 내가 맞음을 주장하고 싶을수록 불행해집니다. '나'와 '너'를 '맞고', '틀림'으로 가리고자 하는 그 분별심이 깊은 곳에서 세상과의 분리와 외로움을 일으키거든요. 우리는 연결할수록 안정감을 얻는 존재인데 말이에요.

의견이 반박당할 때 내 존재가 반박당한다고 느끼기 쉽습니다. 자아와 의견을 동일시하기 때문이겠죠. 하지만 상대가 내 의견을 받아들이지 않는 것이 나를 거부하는 것은 아닙니다. 나의 의견은 하나의 의견일 뿐이고, 상대의 의견도 하나의 의견일 뿐입니다. 나에게 내 의견이 맞듯 상대에겐 상대의 의견이 맞습니다. 서로 달라서 다채로운 세상의 아름다움을 음미하며, 나도 맞고 그도 맞다고 인정해 주세요.

나도 맞고
그도 맞다.

텅 빈 마음에
화살이
꽂힐 수 없다.

"나는 왜 이렇게 작은 일에도 상처를 잘 받는 걸까?"

상처받기로 선택하는 것은 사실 나 자신입니다.

우리의 에고는 자극되는 그 순간 몸집을 키웁니다. 에고가 몸집을 키우면 키울수록 우리는 더욱 부정적이며 파괴적인 생각의 늪에 빠져들게 되고요. 이런 상황 중 대표적인 것이 타인의 말이나 행동에 상처를 받을 때입니다. '왜 저렇게 말을 해?' 혹은 '왜 나한테 뭐라고 해?'와 같은 생각들이 든다면 내 에고의 트리거가 발동했다고 인지하면 됩니다.

자아상이 클수록 상처를 받기 쉽습니다. 내 마음이 가득 채워져 있기 때문이에요. '나는 이런 사람이야'처럼 내 안에 '나'에 대한 정의가 많을수록 거슬릴 말이 많을 수밖에 없습니다.

하지만 따지고 보면 누구든 자기가 하고 싶은 말을 할 수 있어요. 그리고 나에게는 그 말을 받아들일지 말지 선택할 자유가 얼마든지 있고요. 그러니 타인의 말이라는 화살이 날아올 때 그것이 나를 스쳐 지나가도록 할 것인지, 온몸으로 막아 피 흘릴 것인지는 내가 선택하는 겁니다.

텅 비워진 공간에 화살은 꽂히지 못하고 지나감을 기억하세요. 내 마음을 가득 채운 '내가 정의하는 나'를 내려놓고, 무엇이든 괜찮은 나, 어떻게 보여져도 좋은 나를 받아들여 보세요. 내 마음이 비워지면 그 어떤 공격도 공격이 되지 못합니다.

텅 빈 마음에
화살이
꽂힐 수 없다.

오늘의 확언 :

나는 내 상처를
마주하고
치유한다.

"관계가 아픈 이유를 바라볼 시간이네요."

아픈 이유는 아물지 않은 상처에 있습니다.

건강한 피부를 만지면 통증이 느껴지지 않죠. 하지만 상처를 건드리면 굉장히 아파 자동 반사적으로 비명을 내지르게 됩니다. 몸의 상처는 겉으로 드러나니 남이 건드릴 일이 잘 없지만 마음의 상처는 보이지도 않을뿐더러 내가 가진 상처를 나조차 모르는 일도 잦습니다. 그러니 여기저기서 툭툭 건드리고 심지어 깊게 찌르기도 하죠. 같은 상처를 여러 번 건드리니 나는 점점 예민해지고 나를 지키기 위한 방어 태세를 갖춥니다.

　나를 지킬 줄 아는 것도 중요하지만, 같은 상처가 계속 고통을 준다면 뿌리를 뽑아야 하지 않을까요? 게다가 내가 어떤 상처를 가진지 모른다면 나를 지키는 것도 어렵거든요. 사람에게 받은 상처는 덧날수록 사람을 멀리하게 만듭니다. 사람들이 못되고 이기적이어서, 내가 너무 예민하고 피곤한 성격이어서가 아니라, 내게 아물지 않은 상처가 있어서 살짝만 건드려도 큰 통증을 느끼게 되었을 뿐입니다. 어디에 어떤 상처가 왜 생겼는지 바라보고 연고를 발라주세요. 상처를 마주하길 두려워 마세요. 묻어둔 시간 때문에 두렵게 느껴질 뿐, 막상 꺼내어 보면 어렵지 않습니다. 그 상처에 대해 믿을 만한 누군가와 이야기 나누는 것만으로도 절반은 치유될 거예요. 이 확언을 통해 외면한 아픔을 마주할 용기를 내보세요.

나는 내 상처를
마주하고
치유한다.

오늘의 확언 :

세상은
나를 지지하고
나는 그걸 인지한다.

"나를 방어하느라 진을 빼고 있지 않나요?"

존재하지 않는 위협으로부터 나를 지킬 필요가 없습니다.

우리 두뇌에는 생존을 유지하기 위해 위협을 감지하는 시스템이 있습니다. 이 시스템 덕분에 우리는 차들이 달리는 대로에 뛰어들지 않고, 빌딩 옥상에서 뛰어내리지 않습니다. 하지만 갖가지 스트레스가 난무하는 현대 사회에서 이 시스템은 필요 이상으로 작동합니다. 실재하지 않는 위협을 감지하고 경고음을 울리거든요. '내 모습으로 존재하는 것은 위험해!'라는 목소리가 마음 깊은 곳을 가득 채웁니다.

사람들과 관계를 맺을 때 이 시스템이 과잉 작동해 경고음을 끊임없이 울린다면 모든 관계가 버겁고 두려울 수밖에 없습니다. 내 말과 행동에 실수가 있을 때마다 공격받을 것 같고, 나를 지지할 사람보다 공격할 사람이 더 많을 것 같고, 그러다 보면 세상 모두가 날 공격할 것 같다는 망상에 사로잡힐 수도 있죠. 차라리 혼자라면 마음이 편할 것 같습니다.

내가 나를 지키려고 혈안이 되어 있으면 나를 지켜내야 할 상황들이 더욱 자주 펼쳐집니다. 이 확언을 반복해 적으며 지금 내 앞에 생존의 위협은 존재하지 않음을 상기해보세요. 37일 차에 언급했듯 아물지 않은 상처가 반복적으로 건드려져 감당하기 힘든 통증으로 느껴질 뿐입니다. 내가 다른 믿음을 선택하면 나를 지지하는 세상이 펼쳐집니다.

세상은
나를 지지하고
나는 그걸 인지한다.

오늘의 확언 :

나는
사랑받고자 함을
허용한다.

"사랑받고 싶은 마음은 유치한 걸까요?"

사랑받고 싶은 욕구를 인정하세요.

저는 온 세상 사람들이 '나도 사랑받고 싶어'라는 목소리를 억누르기 때문에 서로에게 상처를 준다고 생각합니다. 모든 사람이 사랑받지 못한다는 생각이 들 때마다 '사실 난 사랑받고 싶어'라고 솔직히 이야기한다면 불필요한 싸움들이 일어나지 않을 거예요. 사랑받고자 하는 욕구는 인간의 가장 기본적인 욕구이기 때문에 절대 외면해서는 안 됩니다. 내가 타인에게 베풀고자 하는 사랑, 그리고 내가 받고자 하는 사랑을 허용하는 것은 장기적으로 우리의 건강에 영향을 미칩니다.

사랑받고 싶은 마음은 유치한 것도, 한심한 것도 아니죠. 하지만 그 마음을 갖는 것 자체에 수치심을 느끼니 사랑받고 싶은 욕구가 생길 때마다 모른 척하려고 상대를 공격하거나 밀어냅니다. 사랑받고 싶은 마음을 드러내는 사람들을 낮추어 말하기도 하고요. 그럼으로써 스스로 독립적이며 사랑을 갈구하지 않는 쿨한 어른이라 믿으려 애쓰는 거예요. 솔직히 소통하면 되는데, 자신에게 애써 거짓말 하다니 이상하지 않나요?

사랑받고 싶은 욕구를 인정하고 모든 사랑을 허용하세요. 사랑을 주고 싶을 땐 아낌없이 주세요. 그리고 받고 싶을 땐 그 예쁜 마음을 솔직히 소통하세요. 허용하면 허용할수록 많은 관계에 평화가 깃들 겁니다.

나는
사랑받고자 함을
허용한다.

오늘의 확언 :

나는
행복해지기 위해
베푼다.

"행복 호르몬, 세로토닌을 알고 있나요?"

베풂이 주는 마법을 경험하세요.

인간의 감정은 호르몬의 영향을 받습니다. 일 년 내내 일조량이 충분한 열대 지방의 사람들이 겨울이 긴 나라 사람들보다 생기 넘치고 즐거운 것도 세로토닌이라는 호르몬 덕분이죠. 세로토닌은 행복을 느끼는 것에 가장 중요한 호르몬이라 행복 호르몬이라는 별명을 갖고 있어요.

호흡법이나 운동, 명상 등을 통해서도 세로토닌의 분비를 촉진할 수 있지만 세상에 내가 가진 것을 베푸는 활동도 세로토닌 분비량을 늘립니다.

베풂은 가진 것이 많은 사람들이 행하는 것으로 여겨지곤 합니다. 그러나 사실 그렇지 않아요. 누구나 자신이 가진 것을 활용해 그걸 필요로 하는 사람에게 베풀 수 있죠.

저는 자존감이 아주 낮았던 시절 봉사 활동을 하며 '보잘것없는 줄 알았던 내가 누군가에게 이렇게 큰 힘이 될 수 있구나' 깨달았답니다. 몸이 불편한 누군가에게는 방을 청소해주고 밥을 차려주는 사람이, 말동무가 필요한 누군가에게는 들어주는 귀를 가진 사람이 수퍼 히어로더군요.

봉사 활동이 아니더라도 베풂은 언제 어디서든 실천할 수 있습니다. 매일 나를 스쳐 지나가는, 나와 마주치는 인연들에게 베푸는 마음을 가져보세요. 따뜻한 인사를 먼저 건네는 것, 눈을 맞추고 미소 짓는 것, 잘 듣고 수용하는 것, 그리고 있는 그대로 존중하는 것 모두 이 사회에 반드시 필요한 커다란 베풂이겠죠. 그렇게 조금씩 내 가슴이 채워지며 세상 전체와 연결하는 행복한 삶을 누리게 됩니다.

나는
행복해지기 위해
베푼다.

오늘의 확언:

감사하는 마음에
서운함이 머물
자리가 없다.

"날 사랑하긴 하는 걸까요?"

"가까운 이에게 느끼는 서운함, 정말 힘들죠."

내가 당연시하는 것들을 알아차리세요.

사람에게 서운함을 느끼는 때는 저마다 다릅니다. 이야기를 털어놓았는데 공감해 주지 않아 서운하기도 하고, 내게 충분한 관심을 주지 않아 서운하기도 합니다. 자주 연락을 하지 않거나, 기념일이나 생일을 깜빡해 서운할 수도 있죠. 서운함에 집중하다 보면 하나부터 열까지 모두 서운하게 느껴지기도 합니다. 견디기 참 어려운 서운함, 왜 일어나는 걸까요?

인간의 에고는 갖지 않은 것에 더 쉽게 집중합니다. 당장 돈이 얼마나 부족한지는 하루 종일 상기할 수 있지만, 두 눈이 멀쩡해 온 세상을 볼 수 있다는 사실은 상기하기 쉽지 않아요. 인간관계에서 서운함이 일어나는 것도 우리가 무언가를 당연시하기 때문입니다. 내가 원하는 방식으로 공감해주지 않더라도 상대가 내 이야기를 들어줌에 감사함을 느낄 수 있고, 내게 충분한 관심과 연락을 주지 않더라도 그 사람이 세상에 살아 존재함에 감사함을 느낄 수 있습니다. 기념일이나 생일 등을 깜빡하더라도 그날들을 함께 축하할 사람이 있음에 감사함을 느낄 수도 있어요.

내가 누릴 수 있는, 가지고 있는 얼마나 많은 것들을 당연시하며 갖지 않은 것에만 집중해 큰 결핍을 느끼면서 살아가는지 알아차려보세요. 그 과정에 이 확언이 도움이 될 겁니다.

감사하는 마음에
서운함이 머물
자리가 없다.

오늘의 확언 :

상대에게
집중하면 관계가
쉬워진다.

"내가 어떻게 보일까 늘 좌불안석이라면…."

자의식이 나를 집어삼키도록 두지 마세요.

인간관계에서 대부분의 사람이 가장 신경 쓰는 것은 '내가 어떤 사람으로 보이는가'입니다. 내가 어떻게 보이는지를 신경 쓰다 보면 모든 관계가 어렵게 느껴집니다. 행여나 큰 말실수를 하진 않을까, 예의가 없거나 비도덕적인 사람으로 보이진 않을까…. 관계를 맺고 있지만 내 관심이 오롯이 나에게만 집중되어 있으니 순탄한 관계를 맺기 어려울 수밖에 없죠. '나는 이런 사람이다'라는 메시지를 전하고 싶어서 안달복달입니다.

타인이 나를 보고 어떤 생각을 하는지는 전적으로 그에게 달려있어요. 내 말과 행동을 바꾸어 상대의 생각을 바꿀 수 있다고 착각하기 십상이지만, 타인의 생각은 내 컨트롤 영역이 아닙니다. 이 점을 받아들이고 늘 상대에게 관심을 두며 관계를 맺어보세요.

나 자신에게 몰려 있는 관심을 상대에게 돌리는 겁니다. 그가 오늘 어떤 기분을 느끼고 있는지, 어떤 생각을 하고 있는지, 무엇을 하고 싶어 하는지 등을 호기심 어린 마음으로 살피고 대화하세요.

자의식에 매몰되는 것을 멈추고 순탄하고 건강한 관계를 이어가는 것에 이 확언이 도움이 될 거예요.

상대에게
집중하면 관계가
쉬워진다.

오늘의 확언 :

관계 안에서
나는 더 나은
내가 된다.

"왜 모든 관계는 깊어질수록 어려울까요?"

가까운 사람일수록 더 좋은 스승입니다.

인간관계 중 가장 어려운 게 가족, 연인, 부부, 부모 자식 관계입니다. 사회생활을 하며 맺는 얕고 넓은 관계들로부터 받는 스트레스도 만만치 않으니 가까운 관계에서만큼은 편안함과 따뜻함을 느끼고 싶은데, 도리어 더 큰 마찰을 겪으니 절망스럽죠. 처음 인연이 닿았을 땐 완벽하다 느낄 만큼 좋았는데 가까워지니 관계에 바람 잘 날이 없는 경우도 있어요.

가까운 사람일수록 내가 수용하지 못하는 내 모습을 가장 잘 비추어주기 때문에 모든 관계가 깊어질수록 어렵게 느껴지는 거예요. 32일 차에 언급했듯, 모든 사람은 나의 거울입니다. 내 안에 있는 불편함이 세상 사람들을 통해 재현된다고 했죠. 그러니 가까운 관계일수록 내 안에 해결되지 않은 감정적 문제들을 더 선명하게 비춰줍니다. 그럴 때 상대를 비난하고 내 안의 목소리를 외면하기 쉽지만, 그렇다면 그 문제는 영원히 나를 따라다닐 수밖에 없습니다.

가까운 사람들이 나를 어떻게 비추어주는지 면밀히 살피세요. 자동반사적으로 반응하기보다 내가 알지 못하는 나의 어떤 부분이 드러나는지 잠시 멈추어 바라보세요. 가까운 관계에서의 불편함을 통해 나를 알아가기로 마음먹으면 모든 마찰이 성장과 자유의 디딤돌이 됩니다.

관계 안에서
나는 더 나은
내가 된다.

오늘의 확언 :

용서는
나를 자유롭게
한다.

"내가 왜 그 사람을 용서해야 해?"

"용서를 구하지도 않는 사람, 용서해야 할까요?"

용서는 상대가 아닌 나를 위해 하는 겁니다.

용서에 대해 하는 가장 큰 오해가 용서가 상대방을 위한 것이라는 겁니다. '나는 아직도 이렇게 힘들고 상처받은 채 삶을 살아가는데, 왜 그 사람을 용서해야 해?'라는 생각에 분하기도 해요. 하지만 치유하고 싶어서, 상처로부터 자유롭고 싶어서 용서하는 겁니다. 그 누구도 아닌 나에게 줄 수 있는 최고의 선물이 용서입니다.

내가 누군가를 미워하고 원망한다고 그 사람에게 벌이 되지 않아요. 하지만 미움과 원망은 나에게 고통을 일으킵니다. 내가 내게 또 한 번 상처를 내고 있다니, 억울하지 않은가요? 그리고 용서는 상대를 정당화하는 행위가 아닙니다. 과거가 내 발목을 잡지 않도록 나 자신을 위해 베푸는 내려놓음일 뿐이죠. 과거와는 다른 오늘을 살아가야 하니까요. 내가 그를 용서한다고 그의 행동이 옳았다고 증명하는 것도 아니며, 내가 그를 용서하지 않는다고 그가 벌을 받는 것이 아님을 기억하면 용서가 무엇인지, 왜 해야 하는지 좀 더 명확히 느껴집니다. 이 확언을 반복해 적으며 스스로에게 큰 자유를 선물하세요.

용서는
나를 자유롭게
한다.

오늘의 확언 :

모든 사람은
자신의 최선으로
매일을 산다.

"이해되지 않는 사람이 왜 이리 많은지…."

타인의 부족함을 있는 그대로 받아들이세요.

'나라면 안 저럴 텐데' 혹은 '왜 이것밖에 못해줘?'와 같은 생각들을 얼마나 자주 하나요? 누군가가 나로 하여금 불만족을 느끼게 하면 더 잘할 수 있으면서 충분히 노력하지 않는다고 판단하지 않나요? 모든 사람은 살아온 나날들이 서로 다르고 축적한 경험이 다르기 때문에 각자 매 상황에서 할 수 있는 최선이 다릅니다. 내가 아무리 잘 아는 사람이라고 해도 그 사람이 지금, 이 순간 할 수 있는 최선이 무엇인지 내가 감히 알 수 없어요.

타인에게 불만족을 느낄 때마다 '저건 저 사람의 최선이야' 하고 받아들이면 내 마음이 편합니다. 할 수 있는데 안 하는 것이 아니라 할 수 있는 만큼 하고 있다고 바라보세요. 이 과정을 반복하면 '내 생각이 맞다' 우기는 오만한 나의 에고도 작아집니다.

타인의 부족함을 나의 에고를 통해 왜곡하길 멈추세요. 각기 다름을 인정하고 수용하며 자유로운 매일을 누리셨으면 합니다. 나의 모든 말과 행동은 바로 그 순간의 최선이며, 다른 사람들의 말과 행동도 마찬가지입니다.

모든 사람은
자신의 최선으로
매일을 산다.

오늘의 확언 :

나는
모든 사람의
여정을 믿는다.

"타인의 삶에 지나치게 관여하고 있지 않나요?"

다른 사람의 삶은 내가 대신 살 수 없습니다.

소중한 사람이 불행을 겪고 있는 걸 잠자코 바라보는 것만큼 괴로운 일이 없습니다. 그 사람의 감정을 내 것처럼 느끼기도 하고, 내가 지나온 여정을 똑같이 겪으며 힘들어하고 있다면 내게 도움이 되었던 방법들을 알려주고 싶죠. 누군가에게 관심을 두고 도움을 주려 하는 것에는 아무 문제가 없습니다. 문제는 그 사람의 생각과 행동을 내가 컨트롤하고 싶어질 때 발생해요.

제아무리 가까운 사람들이라 할지라도 모두 다른 길을 걷는 것이 삶입니다. 한 가정에 태어난 형제들도 전혀 다른 경험들을 하며 살아가죠. 하나하나의 경험 속에서 모두가 느끼는 감정, 프로세스, 해야 하는 생각이 다릅니다. 그러니 우리는 그 누구와도 완전히 비슷할 수 없어요. 이것을 반드시 기억하고 모든 사람의 여정을 믿고 존중할 줄 알아야 합니다.

조언을 듣고 그것을 받아들일지 말지는 상대에게 달려있습니다. 내가 생각하는 것이 정답이라는 생각을 잠시 내려놓고, 상대의 감정에 매몰되는 나를 알아차리고, 자신의 여정을 묵묵히 걷는 사람들을 사랑으로 응원하면 충분합니다.

사랑하는 이들의 여정, 그 안의 모든 챕터를 믿어주세요.

나는
모든 사람의
여정을 믿는다.

✦

오늘의 확언 :

나는 과거를 투사해
타인을 해석하길
멈춘다.

"누가 좋은 사람이고 누가 나쁜 사람일까?"

모든 걸 내 경험에 근거해 해석하는 나를 알아차리세요.

우리는 영원히 과거로부터 자유롭지 않습니다. 각각의 경험을 통해 우리는 마음에 다양한 관념을 만들고, 새롭게 정보를 받아들이고 있다고 믿을 때조차 모든 정보를 주관적으로 해석합니다. 세상에 완전히 객관적인 사실은 존재하기 어렵습니다. 그 어떤 것도 우리의 해석을 거치지 않을 수 없기 때문이죠.

하물며 가장 많은 감정을 느끼는 인간관계에선 어떨까요? 에고가 자신을 지키고자 모든 사람을 과거의 경험, 축적된 관념들을 통해 해석합니다. 더 이상 상처받고 싶지 않기 때문에요.

모든 사람을 분별 없이 있는 그대로 수용하면 내 삶이 달라집니다. 누군가를 못됐다, 이기적이다, 비도덕적이다 등으로 평가하는 것조차 내 과거 경험과 관념 속에서 펼쳐지는 환상임을 받아들이면 모든 관계에서 느껴지는 버거움이 덜어집니다. 실제로 저 사람이 이렇다 저렇다 믿으려는 에고를 알아차리고 보여지는 모든 것을 있는 그대로 수용하는 연습을 해보세요. 내가 좋다 믿는 이는 내게 좋은 사람이 되고, 내가 나쁘다 믿는 이는 내게 나쁜 사람이 됩니다.

나는 과거를 투사해
타인을 해석하길
멈춘다.

오늘의 확언 :

누구에게든
저마다의
이유가 있다.

"도통 이해가 안 돼. 내 속이 좁은 건가?"
"다른 사람이 이해되지 않을 때."

이해가 되지 않을 땐 그냥 받아들이면 됩니다.

이해되지 않는 것을 이해하려 애쓰다 보면 진이 빠집니다. 내가 이해심이 부족한가 싶다가도 이해하고 싶지 않다는 생각이 들어 괴롭고, 또 이해하려 애써보지만, 뜻대로 되지 않아 답답해요. 이 사이클을 반복하는 동안 우리는 굉장히 많은 에너지를 낭비합니다. 결국 해결되는 것이 없지만 생각을 이어가며 부정적 감정을 일으키고 그것에 매몰되니까요.

자아가 작은 상태에선 누구든 이해하는 것이 쉽습니다. 심지어 나에게 폐를 끼치는 사람도 수월하게 이해할 수 있어요. 하지만 당장 내가 마음 수행이 조금 부족해 많은 사람을 이해하는 데 어려움을 겪는다면 이해하길 포기하고 그저 받아들이면 됩니다. '왜 저렇게 행동하지? 이해가 되지 않아'라는 생각이 든다면 '저 사람은 저럴 만한 이유가 있나 보다' 하고 의식을 돌려보세요. 에고는 이해되는 것만 받아들이라고 속삭이지만, 사실 우린 세상 모든 것들을 이해할 필요가 없습니다. 모든 사람의 말과 행동에는 그럴 만한 이유가 있습니다.

누구에게든
저마다의
이유가 있다.

오늘의 확언:

모든 사람은
내가 보기
나름이다.

"마음에 안 드는 사람 천지인 이 세상…."

내 두뇌를 내 편으로 만들어보세요.

우리 두뇌에는 망상 활성계라는 영역이 있습니다. 우리는 의식하고 있지 않을 때조차 어마어마한 양의 정보를 접해요. 하지만 우리가 가진 정보 처리 능력에 한계가 있기 때문에 망상 활성계가 불필요한 정보는 필터링하고 필요한 부분만 받아들이도록 거름망 역할을 합니다. 우리가 인지하는 모든 것은 이미 필터링된 정보인 셈이죠. 게다가 망상 활성계가 필요한 정보로 인식하는 것은 우리가 이미 가진 믿음을 뒷받침해줄 정보들입니다. 그러니 내가 가진 믿음이 시간이 지날수록 굳어지는 거고요.

'내가 바라보기 나름이다'라는 말이 답답할 수 있습니다. '이렇게 나쁜 사람이 많은데, 뭐가 바라보기 나름이라는 거야?' 하고 말이에요. 그러나 내 현실에 나쁜 사람들이 많이 보이는 이유는 내가 나쁜 사람들이 많다고 믿기 때문입니다.

실제로 나쁜 사람이 많아서 그 사람들이 보이는 것이 아니라, 망상 활성계가 내 믿음에 알맞지 않는 정보들은 받아들이지 않기 때문에 좋은 사람들의 존재는 내게 인식조차 되지 않는 거예요. 같은 환경에서 지내도 인간이 선하다고 믿는 사람은 선한 사람들을 경험하고 인간이 악하다고 믿는 사람은 악한 사람들을 경험하게 되는 것이죠.

내 두뇌에 지배당하고 괴로움 속에 사느니 망상 활성계를 내 편으로 만드는 게 현명하지 않을까요?

모든 사람은, 그리고 세상은 내가 보기 나름입니다. 바꿔야 할 것은 내 믿음 하나뿐이고, 관점과 믿음이 바뀌면 현실이 바뀐답니다.

모든 사람은
내가 보기
나름이 다.

오늘의 확언 :

나와 같이
모두가
완벽하지 않다.

내가 아닌 것을 남에게 기대하지 마세요.

스스로를 가깝게 들여다보고 사는 사람은 다른 사람에게도 너그럽습니다. 자신의 불찰도 충분히 인지하고 수용하기 때문이죠. 세상에 완벽한 사람은 없고, 나 또한 완벽과 거리가 멀기 때문에 모든 사람이 가진 장점과 단점을 모두 포용하는 겁니다. 타인을 있는 그대로 수용하는 포용력은 깊은 자아 성찰에서 나온다고 말해도 과언이 아니죠.

평소에 자신을 면밀히 관찰하고, 생각과 감정을 매일 기록하는 습관을 가지면 좋습니다. 내가 어떤 말과 행동을 하며 살아가는지, 얼만큼 진심으로 살아가고 있으며 주변에는 어떤 영향을 미치고 있는지 가능한 객관적으로 인지해 보세요. 내가 마주하고 싶지 않은 내 모습이 있을 수 있지만, 그런 모습일수록 용기 내 마주해야 내 삶이 편안해집니다.

내가 할 수 없는 것을 남에게 기대하는 것이 어불성설이라는 것을 머리로는 이해하더라도 자아가 다치는 상황과 맞닥뜨리면 쉽게 감정에 매몰될 수 있어요. 그럴 때마다 알아차리고 잠시 심호흡을 해보세요. '기대하는 마음도 당연하지만, 나와 같이 이 사람도 완벽할 수는 없지' 마음속으로 반복하면 그 순간 더 큰 문제를 일으키지 않고 지나가는 것에 도움이 됩니다.

나와 같이
모두가
완벽하지 않다.

✦

내 마음을 돌보는 확언
나의 생각과 감정은 내가 아닙니다.

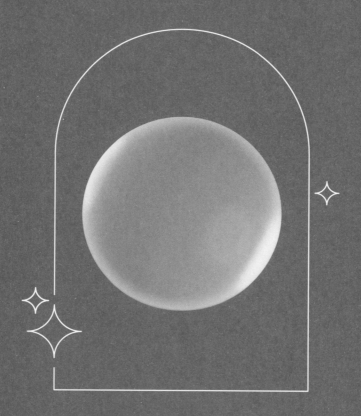

가장 큰 변화로의 도약,
마음 챙김

✦

하루하루가 버겁다고 느껴질 정도의 스트레스에 시달리는 현대인들에게 마음 챙김을 수련하는 것은 필수입니다. 이유도 모르겠는 불안과 걱정으로 잠을 못 이루는 일도 흔하고, 이렇게 인구 밀도가 높은 땅에 살며 외롭다고 느끼는 사람들도 쉽게 찾아볼 수 있죠. 언제나 타인의 삶과 자신의 삶을 비교하며 끝나지 않는 자괴감을 느끼는 사람들, 삶의 이유를 모르겠어 헤매는 사람들…. 모두에게 큰 변화를 가져다줄 것이 바로 마음 챙김입니다.

마음 챙김에서도 정말 중요한 것이 현존 수행인데요. 현존이란 과거와 미래를 끝없이 오고 가는 대신 지금 이 순간을 온전히 살아내는 것입니다. 현존 수련을 지속하면 스트레스 감소, 삶의 안정감 증진, 집중력 향상 등의 다양한 이점들을 얻게 되며, 자신의 생각과 감정을 알아차리는 능력이 개선되어 감정 컨트롤에도 긍정적 영향을 미쳐요. 이 챕터에서 다루는 내용들이 여러분의 매일에 작은 보석과 같은 역할을 했으면 합니다.

오늘의 확언 :

나는 하늘이고
모든 것은
지나가는 날씨이다.

"이 감정이 영원할 것 같아 괴롭나요?"

감정에 매몰될 때마다 기억하세요.

부정적인 감정이 올라오면 '느끼고 싶지 않다'라는 생각이 자동 반사적으로 일어납니다. 하지만 감정은 이유가 있어 올라오는 것이기 때문에 느끼지 않으려 저항하면 더 크게 느껴지고 더 오래 머뭅니다. 내가 우리 집에 손님을 초대해 놓곤 곧장 집에 돌아가라고 하는 것과 비슷하달까요? 감정이라는 손님은 시간이 되면 알아서 돌아가기 때문에 그때까지 가만히 두면 되는데 말이에요.

누구에게나 좋아하는 날씨가 있습니다. 하지만 1년 365일 그 날씨만 바랄 순 없어요. 자연에는 비 오는 날도, 해가 쨍쨍하게 내리비추는 날도, 구름 낀 날도, 추운 날도 필요하고, 그래서 그 날씨들이 존재하는 겁니다. 내가 좋아하지 않는 날씨를 맞을 때마다 괴로워하고 짜증을 내면 소중한 내 삶을 낭비하는 것이죠. 그 날씨 그대로를 받아들이면 편안합니다.

감정도 마찬가지입니다. 나는 하늘이고 감정은 지나가는 날씨임을 기억하세요. 비가 오는 날에도 구름 위엔 태양이 빛나고 있고, 비가 지나가면 다시 태양이 얼굴을 내민다는 것도요. 눈앞의 것이 전부라 믿는 에고를 알아차리고 더 큰 시야로 삶을 바라보고 여유롭게 만끽하세요.

내 마음을 돌보는 확언

나는 하늘이고
모든 것은
지나가는 날씨이다.

오늘의 확언 :

믿음은 사실이 아닌
하나의 생각에
불과하다.

"내 믿음이 사실이라 믿나요?"

갖고 싶은 믿음을 가지세요.

49일 차에 망상 활성계의 역할에 대해 이야기했죠. 우리 두뇌는 우리가 이미 가진 믿음을 뒷받침하는 증거만 필터링해 받아들인다고요. 그러니 내가 믿는 것이 점점 더 신빙성 있게 느껴지고, 내 믿음이 모두 사실이라고 착각하게 됩니다.

사실 믿음이란 것은 내가 가장 자주 하는 생각에 불과합니다. 우리가 반복해 알아차리지 않는 이상 우리는 믿음을 사실이라 단정 짓고 사는 것이고요. 그중에서 우리를 해치는 믿음들은 다음과 같습니다.

'나는 사랑받지 못해', '사람들은 나빠', '나는 성공할 자질이 없어', '나는 충분하지 않아', '돈이 모든 걸 망쳐'….

내가 나와 타인, 세상에 대해 가진 부정적 믿음들이 무엇인지 잘 알고 있나요?

내가 가진 믿음이 무엇이든 그건 사실이 아닌 하나의 생각에 불과하고, 얼마든지 바꿀 수 있음을 기억하세요. 갖고 싶은 믿음을 선택하고, 그것을 뒷받침하는 증거들을 의식적으로 찾아보세요. 내 믿음이 조금씩 변하는 과정에서 내가 경험하는 현실이 달라지고, 그렇게 고통을 벗어나 내가 바라는 삶으로 향하게 됩니다.

내 마음을 돌보는 확언

믿음은 사실이 아닌
하나의 생각에
불과하다.

오늘의 확언 :

내 손 밖에 난 일은
내 마음에서도
놓아준다.

"뜻대로 되지 않는 일이 너무 많은가요?"

통제 욕구를 내려놓으세요.

내가 할 수 있는 일이 더 이상 남아있지 않은데도 마음으로 붙잡아두고 더 큰 고통을 초래하는 일이 잦지 않나요? 살다 보면 내 역할에 최선을 다해도 내 마음과 같은 결과로 이어지지 않는 경우가 있습니다. 그럴 때 인간의 에고는 자신이 원하고 계획한대로 결과물을 바꾸고 싶어 해요. 그게 바로 우리를 고통스럽게 하는 집착이자 욕심입니다. 결과가 내 마음 같지 않아 고통스러운 게 아니라 통제하려는 마음 때문에 고통스러운 거예요.

삶은 바다와 같고, 우리는 그 안에서 힘을 빼고 파도에 몸을 맡기기도 하고 힘을 내 원하는 방향으로 수영을 하기도 합니다. 바다라는 삶 안에서 힘을 줘 수영해야 할 때와 힘을 빼고 쉴 때를 아는 것이 진정한 지혜 아닐까요? 마이클 펠프스Michael Fred Phelps(수영선수)도 하루 대여섯 시간만 트레이닝을 했다는데 말이에요.

명상이나 산책 등을 통해 감정을 흘려보낸 후 차가운 머리로 따져보았을 때 더 이상 내가 할 수 있는 일이 없다면 내 마음에서 놓아주세요. 일이 더 잘 풀리기 시작할 겁니다.

내 손 밖에 난 일은
내 마음에서도
놓아준다.

오늘의 확언 :

나는 내 몸과
연결해
<u>스스로</u>를 돌본다.

"여기저기 불편한 곳 많은 내 몸⋯."

내 마음의 상태는 내 몸에 드러납니다.

많은 스트레스를 짊어지고 살아가면 눈썹 주변 근육에 늘 힘이 들어가 있고, 이를 꽉 물고 지내니 턱 근육이 뻐근하며, 뒷목의 긴장도가 높아 늘 뻣뻣하고, 호흡이 가슴을 지나 아랫배까지 내려가지 못합니다. 심지어 불면증을 겪는 분 중 상당수가 온몸에 힘을 주고 누워있지만 알아차리지 못해요. 힘이 들어간 몸으로 숙면을 취하는 건 불가능한데 말이에요.

지난 몇 년간 많은 명상 수업을 진행하며 대부분의 사람들이 자신의 몸과 연결되어 있지 않다는 것을 느꼈어요. 명상으로 몸, 마음, 정신을 세밀히 관찰하며 비로소 자신의 몸을 얼마나 느끼지 않고 살았는지 깨닫게 되는 분이 많습니다. 병의 원인이 스트레스라는 진단을 받는 경우도 굉장히 흔하죠? 우리 마음의 상태는 늘 우리 몸에 드러나게 되어 있거든요. 그러니 몸을 알아차리는 것도 내 마음을 돌보는 데 큰 도움이 됩니다.

언제나 몸을 관찰하고 소중히 대해주세요. 지나치게 긴장한 근육이 있다면 스트레칭 해주고, 평소보다 피곤하다면 약속을 취소하고 휴식에 더 집중하고, 내 속을 불편하게 하는 음식은 멀리하세요. 그리고 어떤 감정적 문제들이 이런 육체적 증상을 초래했을지도 따져보세요. 내 마음의 불편함이 몸의 불편함으로 드러나 내게 신호를 주는 것이니까요.

내 마음을 돌보는 확언

나는 내 몸과
연결해
스스로를 돌본다.

오늘의 확언 :

하늘을 봐야
별을 보듯
경험을 해야 성장한다.

"실패가 두려워 도전하지 못하나요?"

우리는 모두 넘어지며 걷는 법을 배웠습니다.

저는 저희 아이를 관찰하며 많은 것을 배웁니다. 태어난 직후부터 에고가 발달하기 전까지의 아기들은 자유롭습니다. 자신이 어떻게 보이는지에 대한 인식이 없고, 자신을 인식하는 방식도 어른들과 다르죠. 처음 뒤집기를 하기 전 무던히 끙끙대며 노력하고, 기는 것도 걷는 것도 끝없이 시도해 결국 해냅니다. 스스로 밥 먹기를 시도하며 머리카락에 밥풀을 잔뜩 묻혀도 수치스러워하거나 자괴감을 느끼지 않아요. 우리 모두가 그랬지요. 하고 싶으니 될 때까지 해 보았을 뿐입니다.

노력하는 것이 지나치게 애쓰는 것으로 느껴지거나 새로운 것을 시도하는 행위 자체를 거의 하지 않는다면 커다랗게 자란 에고가 나를 집어삼킨 거예요. 원하는 지점에 도달하기 전의 내 모습을 견딜 수 없는 것이죠. 도달하지 못한 상태로 끝이 날까 두렵기도 하고요. 내 눈에 보이는 내모습, 남들 눈에 보이는 내 모습이 비참하다고 스스로 믿고 있는 겁니다.

지금 내가 스스로 할 줄 아는 모든 것이 내가 경험하고 노력해서 얻은 결과이자 성취임을 기억해야 합니다. 우리가 지금 당연시할 정도로 잘하는 것 중 경험하지 않고 배운 것은 없습니다. 삶이라는 밤하늘에 아름답게 수놓아진 별들을 보기 위해 고개를 들어 올려다보길 두려워하지 마세요.

하늘을 봐야
별을 보듯
경험을 해야 성장한다.

오늘의 확언 :

내가 믿고
허용할 때 모든 것이
나를 위해 움직인다.

"나는 팔자가 안 좋은 걸까?"

나를 막고 있는 건 나 자신이에요.

어떤 일이든 내적 저항이 강한 일이라면 잘 풀리지가 않습니다. 생각보다 많은 사람이 좋은 일이 일어나는 것에 대해 두려움을 가지고 있어요. 어떤 이유에서든 말이죠. 성공한 삶을 원한다고 말하면서도, 질투를 받거나 좋은 사람을 잃는 게 두려워 성공 자체를 밀어내는 마음이 일례입니다. 성공한 사람들은 언제나 비판을 받으며, 이득을 보려는 사람들이 꼬이기 때문에 정작 좋은 사람들은 잃게 될 거라 믿는 거예요. 그러니 내가 꿈꾸는 삶으로 나아갈 힘이 날 리 만무하고, 기회가 주어지기도 어렵습니다.

믿음이 삶을 만든다는 말은 많이 들어보았을 겁니다. 일이 잘 풀리지 않는 이유는 내가 운이 없고 팔자가 사나워서가 아니라 내게 도움이 되지 않는 믿음을 바탕으로 원하는 삶을 밀어내고 있기 때문입니다.

꿈꾸는 삶에 대한 두려움과 저항을 버리고 모든 가능성을 두 팔 벌려 환영하세요. 그렇게 마음먹는 순간부터 모든 것이 나를 위해 움직이기 시작합니다.

내가 믿고
허용할 때 모든 것이
나를 위해 움직인다.

오늘의 확언 :

나는
타오르는 불덩이를
내려놓는다.

"시도 때도 없이 치솟는 이놈의 화…."

분노는 나를 벌할 뿐입니다.

어린 시절부터 부정적 감정을 표현하면 혼이 났고, 그렇게 억눌린 연약한 감정들은 어느새 분노로 둔갑해 우리를 집어삼킵니다. 하지만 석가모니가 말했죠. '우리는 화를 내서 벌을 받는 것이 아니라 화로부터 벌을 받는다'고요. 분노는 그 누구도 아닌 나 자신을 해칠 뿐입니다.

분노가 치밀어오를 때 내가 내 마음에 쥐고 있는 불덩이를 알아차려야 합니다. 누구로 인해 화가 나는 것이 아니라 억눌린 내 감정들이 나로 하여금 화를 일으키는 것임을요. 내가 내려놓으면 그만인 것을 상대가 해결해주길 바라는 경우가 대부분입니다. 쥐고 있어 봤자 화상을 입는 건 나 하나인데 말이에요.

불덩이를 내려놓고 내가 원하는 것을 담담하게 소통하세요. 내 생각과 감정을 솔직하게 전달하고 상대의 생각과 감정에도 마음을 열고 귀를 기울이세요. 이 확언을 통해 분노를 나 자신을 해치는 도구로 사용하는 것을 멈추셨으면 합니다.

내 마음을 돌보는 확언

나는
타오르는 불덩이를
내려놓는다.

오늘의 확언 :

나는 고통은
망원경으로
기쁨은
현미경으로 본다.

"고통에 매몰되는 습관이 있나요?"

모든 것과 나 사이의 적당한 거리를 고르세요.

인간의 에고는 불안에 기반을 두기 때문에 부정적인 것들에 더 쉽게 집중합니다. 그래서 많은 사람이 고통 속에 살아가며 부정적인 것에 매몰되는 사이클에서 쉽사리 벗어나지 못해요. 분명 즐겁고 감사한 일들도 많지만, 두뇌가 그것들을 알아차리는 방향으로 프로그래밍 되어 있지 않죠.

저는 고통스러운 일은 뒤로 물러나 멀리서 바라보고 기쁨은 가까이 다가가 한참을 음미하는 습관을 가지고 있습니다. 눈앞의 고통에 매몰되면 인생이 통째로 망가진 것처럼 압도되지만, 우주에 떠다니는 별 하나가 내려다보듯 멀리서 바라보면 쉬이 지나갑니다. 반대로 길가에 예쁘게 핀 꽃 한 송이를 만나면 쪼그려 앉아 한참을 관찰하고 만져보고 향도 맡으며 시간을 보내요. 더 오래 음미할수록 기쁨이 배가 되고 때론 온종일 이어지기도 합니다.

언제 망원경을 쓰고 언제 현미경을 쓸지 스스로 선택하는 것에 이 확언이 도움이 될 겁니다.

나는 고통은
망원경으로
기쁨은
현미경으로 본다.

오늘의 확언 :

괜찮지
않아도
괜찮다.

"자꾸 기분이 다운되는 나 자신이 한심한가요?"

행복에 대한 강박은 고통만 일으킵니다.

언제부터인지 긍정 열풍이 불면서 부정적인 생각과 감정들이 더욱 홀대
받기 시작했습니다. 부정적 감정에 빠지는 사람은 마치 내가 잘못된 것
처럼 느끼는 일이 흔하죠. 또한 인간은 모두 비슷한 고통들을 겪으며 살
지만 SNS에는 온통 행복한 사람들뿐입니다. 그들을 보며 역시 나만 불행
하다는 믿음을 굳혀가고요.

　365일 매시간 매분 매초가 즐겁기만 한 사람은 없습니다. 마음이 맑
고 어깨에 짊어진 책임이 아무것도 없는 아기들마저 울고 웃기를 반복하
는데 말이에요. 물론 마음 근육이 단단하면 힘든 일이 닥쳐도 이 또한 지
나감을 알고 차분히 바라볼 수는 있지만요.

　괜찮지 않아도 괜찮습니다. 괜찮지 않은 날 괜찮으려 애쓰기보다 휴
식을 더 많이 취하고, 명상하고, 운동하며 소중한 스스로를 돌보는 데 시
간을 쓰세요. 그렇게 담담히 지내다 보면 괜찮은 날도 옵니다. 겨울이 가
면 봄이 오듯이요.

괜찮지
않아도
괜찮다.

오늘의 확언:

웃을 이유는
언제든 얼마든
존재한다.

"웃을 일이 부족한가요?"

작은 습관 하나로 삶의 무게를 덜어보세요.

저는 일상생활을 하다가 습관적으로 입꼬리를 한 번씩 올립니다. 안면 근육을 조금 사용할 뿐인데 기분이 좋아지거든요. 거울을 보고 미소 짓기도 하고, 집안일을 하다가 싱긋 웃기도 합니다. 누군가와 눈이 마주칠 때도 따뜻한 미소를 건네면 연결감도 느끼고 가슴까지 따뜻해지니 일석이조예요. 하루 온종일 벌어지는 많은 일들 사이사이에 의도적으로 가지는 3초의 미소가 굉장히 큰 여유와 쉼을 준답니다.

하지만 우리 주변엔 딱딱한 표정, 경직된 몸, 심각한 생각들로 매일을 사는 경우가 대부분인데요. '아니, 웃을 일이 있어야 웃지'라는 생각 대신 '웃을 일은 내가 만드는 거야' 하는 주체적 생각을 가져보세요. 내 감정을 바꾸어줄 요소를 바깥 세계가 가져다주길 바라는 대신 내가 이미 갖고 있는 힘으로 찾는 것이죠.

스마트폰을 내려놓고, 매 순간에 현존하며 주위를 둘러보면, 웃을 이유는 얼마든지 언제든지 존재합니다. 이 확언을 통해 오늘부터 삶이 선사하는 선물들을 알아차려보세요.

웃을 이유는
언제든 얼마든
존재한다.

✦

오늘의 확언 :

삶은
결과가 아닌
여정이다.

"목적지로 향하는 여정이 버거울 때가 있죠?"

성취에 대한 초조함을 흘려보내세요.

현대 사회는 우리로 하여금 성취 지향적 삶을 살게 유도합니다. 우리는 수도 없이 많은 자기계발서, 재테크 성공담, 성공한 사람들의 강연에 늘 노출되어 있죠. 이것들이 우리가 알아차리지 못하는 사이에 우리에게 미치는 영향은 생각보다 대단합니다. 굉장한 초조함과 자괴감, 불안을 느끼게 하거든요.

우리가 바라보는 것은 대부분 타인의 여정이 아닌 결과임을 기억했으면 좋겠어요. 모든 결과에는 아름다운 우여곡절을 담은 여정이 있고, 그 결과들도 삶 전체를 놓고 보면 각각의 여정이거든요. 성공해 행복한 삶을 사는 사람들은 모두 여정을 즐기는 사람들입니다. '잘되지 않으면 소용없어'가 아닌 '목적지를 향해 가는 과정에서 최대한 즐기고 배우자'에 초점을 맞추는 사람들이죠.

초조함이 느껴질 때마다 지금 내가 서 있는 챕터에 집중하세요. 살면서 겪는 일들 중 무용지물인 것은 아무것도 없습니다.

내 마음을 돌보는 확언

삶은
결과가 아닌
여정이다.

오늘의 확언 :

모든 선택은 내게 완벽한 선택이다.

"지금 아는 걸 그때도 알았더라면…."

과거에 대한 후회로부터 자유로워지세요.

우리는 매일 크고 작은 결정을 내려요. 전철을 탈지 버스를 탈지, 점심엔 뭘 먹을지와 같은 사소한 결정도 있지만 입사할 회사를 고를 때, 이사할 지역을 고를 때처럼 중대한 결정들도 있죠. 중대한 결정을 내려야 할 때 보통은 많은 고민을 합니다. 그리고 시간이 지나 내가 내린 결정이 잘못된 결정이었다 느껴지면 크게 후회하죠. 사실은 현재에 대한 불만족을 과거에 한 결정 때문이라 탓하는 것이지만, 그걸 알아차리지 못하거든요. '지금 아는 걸 그때도 알았더라면…'이라는 생각이 그럴 때 올라옵니다.

하지만 지금 아는 것을 그때는 알 수 없었음을 받아들여야 합니다. 강변북로를 타려다 올림픽대로를 탔는데 너무나 막히면 '강변북로 탈 걸' 생각하죠. 강변북로에서 사고가 났을 수도 있는데 말이에요. 또, A 회사에 가려다 B 회사에 입사해 업무가 지대하다면 결정을 후회할 수 있어요. A 회사에서 인간관계 문제로 더 힘들었을 수도 있지만요. 다른 선택을 했을 때 지금보다 나았을 거라는 보장은 그 누구도 할 수 없습니다. 당장 너무 괴로우니, 무엇이 되었든 지금보다는 나았을 거라 믿고 싶을 뿐이에요.

나는 지금 내가 배워야 할 것을 배우기 위해 꼭 겪어야 하는 일을 겪고 있음을 인지하고, 무엇을 배울 수 있을지에 집중해 보세요.

내 마음을 돌보는 확언

모든 선택은
내게 완벽한
선택이다.

변화는 언제나 가능하다.

"변하지 않고 똑같은 자신이 지긋지긋하다면…."

우리는 고정불변의 값으로 존재하지 않습니다.

무엇이든 몇 번 해 본 사람은 그걸 어렵게 생각하지 않고, 한 번도 해 보지 않은 사람은 겁을 내거나 자신이 할 수 없는 것이라 단정 짓습니다. 자신을 변화시키는 것도 그중 한 가지예요. 변화를 경험해 본 이는 언제든 의지만 가지고도 큰 변화를 일구지만, 도전해보지 않은 이는 스스로가 영원히 변하지 않을 거라 생각하죠. 지금의 내가 마음에 들지 않는다면 탈출구가 없다는 생각에 굉장히 괴로울 거예요.

저는 20년 전과 비교했을 때 완전히 다른 사람입니다. 지금은 사교적이지만 예전엔 내성적이었고, 지금은 불특정 다수 앞에서 강연을 할 만큼 자신감이 있지만 예전엔 발표를 해야 할 때도 불안발작을 경험했습니다. 지금은 평온하고 무던한 성격을 갖고 있지만 예전엔 불안하고 우울하며 극단적이었죠. 그래서 저는 모든 사람이 물과 공기처럼 맑고 무한하다 믿습니다. 내가 나를 규정짓고 한정하지 않는 이상 나는 언제든 변화를 향해 발걸음을 내디딜 수 있는 거죠. 나 자신을 지금의 자아상에 가둬두는 것은 나입니다. 변화란 언제든 가능함을 믿고 스스로를 더 아끼고 존중하며 사랑하는 여정을 시작하세요. 도움이 될 만한 작고 소소한 도전을 곁들여 보세요. 그 의도와 함께 마법 같은 일들이 펼쳐질 겁니다.

내 마음을 돌보는 확언

변화는
언제나
가능하다.

✦

오늘의 확언 :

고통은
가르침을 남기고
가르침은
날 변하게 한다.

"고통 없이 살 순 없을까요?"

고통을 피하려 해서 고통스러운 겁니다.

살면서 우리가 간과하는 것 중 하나가 고통의 값어치입니다. 우리가 여태 얻은 모든 것은 크고 작은 고통이 원동력이 되어준 덕분에 지금의 삶에 존재하는데 말이에요. 태어나서 처음 뒤집고, 기고, 앉을 때도 처음 써보는 근육들을 써보며 고통을 겪었고, 엄마와 처음 떨어져 유치원에 갈 때도 엄마를 다시 못 볼 것 같다는 두려움이 고통을 일으켰지만 결국 이겨냈죠. 또, 원하지 않는 것들을 마주할 때 느끼는 자잘한 마음의 고통을 통해 원하는 것이 무엇인지 깨닫고, 그 방향으로 나아가는 추진력으로 쓰기도 했습니다.

모든 종류의 고통은 가르침을 줍니다. 어떤 일을 겪더라도 무언가를 배우면 다음 챕터로 넘어가게 되죠. 그리고 가르침을 얻은 우리는 더 나은 방향으로 자연스레 변화합니다. 우리가 모르는 사이에도 우리는 계속 이렇게 발전해왔습니다. 사실 고통 자체가 문제라기보다 모든 종류의 고통을 피하고자 하는 욕심이 문제입니다. 고통도 즐거움도 삶의 자연스러운 일부임을 받아들이고 그때그때 주어지는 가르침에 의식을 모아보세요. 삶이 한층 가볍게 느껴집니다.

내 마음을 돌보는 확언

고통은
가르침을 남기고
가르침은
날 변하게 한다.

오늘의 확언 :

완벽한 것이
완벽한 때에
주어진다.

"당장 이 삶에서 벗어나고 싶은가요?"

꽃들도 피어날 시간이 필요하듯 모든 일에는 때가 있습니다.

지금의 삶이 불만족스러우면 상황을 빠르게 바꾸고 싶습니다. 돈이 없는 게 불만이라면 하루아침에 부자가 되고 싶고, 혼자라 외롭다면 올해 안에 누굴 만나 결혼하고 싶으며, 하는 일이 적성에 안 맞는다면 당장 그만두고 꿈을 찾고 싶죠. 물론 원하는 삶을 향해 나아가고 노력하는 것은 정말 멋진 일입니다만, 결과를 빠르게 얻고 싶은 마음은 자괴감을 일으켜 일을 망칩니다.

자연을 바라보세요. 모든 것에는 시기가 있습니다. 아름다운 봄꽃들도 하루아침에 피어나질 않아요. 긴 겨울을 보내고 싹이 돋기 시작하며, 한 계절에 걸쳐 잎이 무성해지고, 봉우리를 맺은 후 만개하죠. 아무리 재촉해도 꽃은 더 빨리 피어날 수 없습니다.

사실 내가 지금 하고 있는 모든 일들이 결국 내 인생이라는 꽃이 피어나길 돕고 있음을 한발 멀리서 바라보세요. 그리고 지금부터 내가 하는 생각과 말과 행동이 꽃이 피는 것에 도움이 되도록 하세요. 어떤 꽃이 필지 기대하는 마음으로 매일 최선을 다하고 그것에 만족하고 매 순간을 즐기세요.

완벽한 것이
완벽한 때에
주어진다.

♦

오늘의 확언 :

좋은 일이라고
바라보면
좋은 일이다.

"내 삶에는 왜 이렇게 나쁜 일이 많이 일어날까요?"

욕심과 집착이 앞서면 삶은 나쁜 일투성이입니다.

내가 정해둔 대로 삶이 흘러야 한다는 생각은 욕심이자 집착입니다. 그리고 그 욕심과 집착의 목소리에 사로잡히면 삶에 나쁜 일이 끊이지 않는 듯 느껴지고요.

삶에서 일어나는 모든 일은 좋고 나쁨으로 구분되지 않습니다. 65일 차에 말했던 것처럼 완벽한 일이 완벽한 시점에 일어난달까요. 여기서 말하는 완벽한 일은 좋은 일을 뜻하는 게 아닙니다.

저는 지금 평온한 삶을 누리며 살아가고 있지만, 어려서부터 참 다사다난한 삶을 살았습니다. 폭력적인 일들을 겪었고, 몸과 마음이 만신창이가 된 채 오랜 시간을 보냈어요. 하지만 지금 돌아보면 어떤 사건도 나쁘지가 않습니다. 모두 지금의 제가 있도록 해준 감사하고 좋은 일들이죠. 그 일들을 겪지 않았다면 지금 제가 가슴으로 아는 것들을 알 수 없었을 겁니다.

하지만 제가 이렇게 말을 하면 '어떻게 폭력 사건이 좋은 일일 수 있죠?' 혹은 '그럼 학대를 받는 일이 겪어도 좋은 일이라는 건가요?' 하고 되물으시곤 하는데요. 좋은 일과 나쁜 일은 전적으로 어떤 관점에서 바라보는 지에 따라 결정됩니다. 당장 '힘든' 일이 '나쁜' 일로 남을지 '좋은'

일로 승화될지는 내게 달려있어요. 누군가를, 혹은 자신을 용서해 과거가 내 발목을 잡지 않도록 하고, 경험을 통해 삶의 순리를 익히고 지혜를 얻는 것은 우리가 진정한 자유로 향하는 것을 돕습니다.

오늘의 확언을 반복해 적으며 소중한 내 삶을 힘든 마음에 매몰시킨 채 살아갈지, 배우고 깨우쳐 행복한 삶을 살지 선택하셨으면 합니다. 모든 일에는 일어나는 이유가 있음을 수용하고 더 나은 방향으로 향하세요.

좋은 일이라고
바라보면
좋은 일이다.

오늘의 확언 :

내게
무엇이 좋은지
나는 알지 못한다.

"내가 원하는 건 왜 내게 주어지지 않는 걸까?"

세상은 내게 가장 필요한 것을 줍니다.

우리의 에고는 자기가 원하는 것을 정해두고 그것이 주어지지 않으면 화를 냅니다. 짜장면을 먹고 싶은데 김치찌개를 받아 항의하는 손님처럼요. 물론 음식점에서 주문한 음식을 못 받으면 기분이 상할 수 있겠죠. 하지만 인생에서 내게 주어지는 것들은 모두 지금의 내게 더 필요한 것들입니다.

'이 불운과 가난이 필요해서 주어졌다고?' 대체 누가 이런 걸 필요로 한다는 건지 에고는 이해할 수 없습니다. 그렇다면 나는 눈앞의 고통에 갇혀 큰 그림을 보고 있지 못한 거예요. 이 과정이 무엇을 배우는 데 필요해 주어졌는지 파악하고 배움에 집중하면 됩니다. 그러나 많은 사람은 왜 이런 일이 나에게 일어났는지, 혹은 얼마나 내가 지금 이 상황을 싫어하는지 생각하느라 소중한 기회를 낭비하게 됩니다.

원하는 학교나 회사에 합격하지 못하거나, 좋아하는 사람이 날 좋아하지 않거나, 살고 싶은 집에 살 수 없거나 하는 경우 자괴감에 빠지기 십상이죠. 마치 내가 가치가 없어 원하는 걸 누리지 못하는 듯 느껴질 수도 있고요. 이럴 때 고통을 느끼는 이유는 내게 무엇이 가장 좋은지 내가 다 안다는 착각 때문입니다. 이 회사가 아니면 안 된다고 생각하거나 이 사람이 아니면 안 된다고 굳게 믿죠. 하지만 인간인 내가, 인간의 에고 안에서 알 수 있는 것들은 한정적임을 받아들이는 것이 중요합니다. 인생 전체를 볼 수 없는 우리가 당장 알 수 있는 것은 매우 한정적이거든요.

주어지는 모든 것을 겸허히 받아들여 매 순간을 살아가다 보면 삶이 180도 바뀌고, 과거를 돌아보며 이렇게 외치는 날이 반드시 올 겁니다.

"세상은 내게 내가 정말 필요로 하는 것들을 주었어!" 하고요.

내게
무엇이 좋은지
나는 알지 못한다.

오늘의 확언 :

존재하는 것은
이 순간뿐이다.

"현존하며 산다는 건 무엇일까."

과거와 미래를 오가는 마음은 언제든 멈출 수 있습니다.
모든 것에 근원적 본질이 없고, 마음속 상으로 일어날 뿐임을 불교에서는 무자성無自性이라 합니다. 그러니까 지금 이 순간 내 눈 앞의 것들이 내게 보여지는 방식이 그것들의 본질이 아니라, 내 마음속 상에 불과하다 볼 수 있죠.

'지금 이 순간을 살라'는 표현을 접해보셨지요? 과거와 미래는 우리 머릿속의 상으로만 존재할 뿐 실체가 없고, 존재하는 것은 지금 이 순간밖에 없기 때문인데요. 그렇지만 우리는 지금 이 순간조차 과거의 이미지에 의존해 왜곡해 바라보고, 현재는 과거로부터 이어지는 패턴이며 그 패턴이 미래에도 이어질 것이라 믿습니다.

그러니까 존재하는 것은 지금 이 순간뿐인데, 내가 '기억'이라 믿는 과거의 이미지와 그 상들에 근거해, 비슷하게 반복될 거라 유추하는 '미래'라는 이미지를 오가며 후회와 걱정을 반복하는 거예요. 그렇게 내가 살 수 있는 현재를 '살지' 못하고 지나쳐 버리는 겁니다.

멀티태스킹을 멈추고, 매 순간 하고 있는 것들에 오감을 활용해 집중하세요. 설거지를 할 때 내 손에 닿는 접시와 물의 촉감과 온도에, 운전할 땐 핸들의 촉감과 액셀러레이터를 밟는 발의 감각에, 누워서 쉴 땐 공기

내 마음을 돌보는 확언

182

가 내 호흡기를 따라 움직이는 느낌이나 내 몸이 감지하는 편안함과 불편함을 느끼는 것에 집중하는 겁니다. 음식을 먹을 땐 식재료의 풍미와 질감에 집중하고, 누군가와 시간을 보낼 땐 온전히 그 사람에게 집중하고요. 그렇게 현재에 집중하는 시간에는 과거에 대한 후회나 미래에 대한 걱정이 머물 자리가 없습니다. 매 순간을 완전히 '사는 것'에 포커스를 맞춰보세요. 그 여정에 이 확언이 도움이 될 거예요.

존재하는 것은
이 순간뿐이다.

오늘의 확언:

나는 모든 감정을
같은 마음으로
소중히 여긴다.

"슬픔에 빠져 지낼 시간이 어디 있나요."

슬픔도 외로움도 자연스럽고 아름다운 감정입니다.

삶에 여유가 줄어들며 생겨난 풍조 중 하나가 반드시 느껴야 할 감정에게 충분한 시간과 공간을 주지 않는다는 겁니다. 연인과 헤어지거나 상을 치르는 등 이별을 겪고 나서 슬픔, 외로움, 상실감 등을 충분히 느끼도록 허용하고 사는 이들이 과연 몇이나 될지 모르겠습니다. 가족상을 치르고도 하루빨리 직장에 복귀해야 할 정도로 쫓기듯 생활하니 감정에 시간을 쓴다는 게 사치처럼 느껴지는 건 당연할지 모르겠어요. 게다가 이런 감정에 빠져드는 건 나약한 거라는 믿음도 흔하죠. 지극히 자연스러운 삶의 일부인데 말이에요.

앞서 언급했듯 느껴도 되는 감정과 느껴선 안 되는 감정은 없습니다. 모든 감정은 이유가 있어 일어나고, 느낄만큼 느끼면 지나갑니다. 감정에 빠져 술을 마시거나 주변인들에게 못되게 구는 등 결국 자신에게 해로운 일을 하는 것은 불필요하지만, 감정 자체를 온전히 느끼는 것은 굉장히 중요합니다. 어떤 이유로든 올라오는 감정을 피해 다른 곳으로 도망가면 나중에 탈이 나기 마련이거든요.

슬픔에 젖은 나날들이 지나가고 비로소 기쁨을 느끼면 더욱 달콤합니다. 한동안 어지러웠던 마음이 고요해지면 그 순간이 더욱 소중하며, 사무친 외로움 끝에 연결감을 느끼면 황홀하죠.

긍정적인 감정이든 부정적인 감정이든 각자의 역할을 가지고 있습니다. 그들을 똑같이 존중해주세요. 내 감정을 느껴줄 것은 나 자신밖에 없으니 모든 감정에 충분한 시간과 공간을 베풀었으면 합니다.

나는 모든 감정을
같은 마음으로
소중히 여긴다.

오늘의 확언 :

마음이 맑을 때 비로소 답이 드러난다.

"도무지 정답이 뭔지 모르겠어…."
"인생에 답이 있기나 한 건지, 답답할 때가 있죠?"

내 안에 이미 자리한 답을 발견하세요.

스마트폰이 보급된 이후 세상 사람들은 자신의 소리를 듣는 일이 현저히 부족하거나 거의 없습니다. 종일 무언가를 스크롤하고 있고, 길을 걷거나 운전을 할 때도 무언가 듣고 있습니다. 퇴근 후 주어지는 꿈 같은 휴식 시간에도 미디어에 온 정신을 내어주죠. 궁금한 게 있으면 검색부터 하고, 주변 사람들과 스마트폰을 통해 끝없이 소통합니다. 이런 삶 안에서 명확한 답을 구하기란 매우 어려운 일이에요.

'고요해진 마음에 온 우주가 복종한다'는 노자老子(사상가)의 말이 있죠. 명상과 같은 수행을 통해 에고를 잠재우면 비로소 직관과 연결됩니다. 명상을 수행할수록 사고의 폭이 넓어지고 현명해지는 이유예요. 우리는 이미 모든 것에 대한 답을 가지고 있습니다. 내 안에서 답을 구하는 방법을 오래전 잊었을 뿐이죠. 마음이 어지러운 상태는 흙탕물이 된 개울과 같습니다. 건드리지 않으면 흙이 가라앉고 물이 맑아지겠죠? 맑은 물 안에서는 무엇이든 찾기가 쉽고요. 그러니 여러분이 답을 구하기 위해 해야 할 일은 마음을 고요하고 맑게 관리하는 것입니다. 미디어에 허비하는 시간을 줄이고 자신과 연결하는 것이지요. 혼자인 시간이 주어질 때마다 방해물들을 멀리하고 자신의 소리에 귀 기울여보세요.

마음이 맑을 때
비로소 답이
드러난다.

◆

풍요의 에너지를 일구는 확언

내 삶의 주인으로 원하는 현실을 창조하세요.

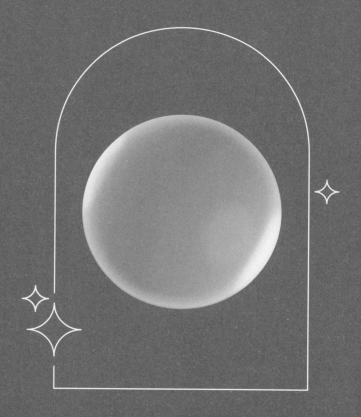

가장 수월하게
목적지에 이르는 법

✦

지금 우리의 사회는 역사상 물질적으로 가장 풍족한 사회입니다. 개발도상국일 때처럼 생존에 직결된 문제로 고통을 겪는 사람들은 거의 없어요. 이렇게 생존이 보장되면 인간은 자아실현의 욕구를 갖게 됩니다. 태어날 때부터 기본값으로 주어진 의식주의 풍요 안에서 모두 동등하게 교육을 받으니 저마다 원하는 삶을 꿈꾸기 시작하고, 꿈을 이루기 전까지 고통에 시달립니다. 풍족한 삶을 살고 있으나 마음은 가난하다 느껴요.

꿈을 이루기 위해서는 이미 가진 것들에 감사하는 마음을 충분히 가지면서, 목표를 달성하기 위해 필요한 노력을 이어가고, 자신이 가진 에너지를 돌보는 것, 이 세 가지가 필수 요소입니다. 아무리 열심히 노력해도 부정적 에너지에 매몰되어 매일을 보내면 꿈은 좀처럼 손에 잡히지 않습니다. 반면, 긍정적 에너지를 일구는 능력을 갖추면 쏟아붓는 노력의 몇 배에 달하는 좋은 결과가 주어지고요.

누구보다 열심히 살고 있지만 삶이 변하지 않는다고 느낀다면 이 챕터의 확언들이 크게 도움이 될 거예요. 깨어있는 의식으로, 내 삶의 주인으로 원하는 현실을 창조하셨으면 좋겠습니다.

오늘의 확언 :

나는 삶의 모든 풍요를 허용한다.

"내가 과연 그런 삶을 살 수 있을까?"

당신은 누릴 자격이 충분합니다.

꿈꾸는 삶을 누리기 위해서는 내 머릿속에 프로그래밍된 자신에 대한 부정적 믿음들을 돌아보는 게 참 중요한데요. 세미나와 워크숍 등을 통해 수도 없이 많은 분과 대화하며 알게 된 가장 놀라운 사실이 대부분의 사람이 자신이 풍요로운 삶을 누릴 가치가 없다고 믿는다는 것입니다. 풍요로운 삶은 극소수의 가치 있는 사람들만 가질 수 있다는 것이죠.

'너의 믿음은 너의 생각이 된다. 너의 생각은 너의 말이 된다. 너의 말은 너의 행동이 된다. 너의 행동은 너의 습관이 된다. 너의 습관은 너의 가치가 된다. 너의 가치는 너의 운명이 된다'라는 마하트마 간디^{Mahatma} ^{Gandhi}(법률가, 사상가)의 명언을 들어보셨나요? 내가 가치가 없다고 믿으면 가치 없는 사람처럼 말과 행동을 하게 되며, 가치 없는 사람의 삶이 내 운명이 되는 겁니다. 그 누구도 원하지 않을 삶이죠.

당장 내 능력이 부족하게 느껴지고 밀어줄 사람이 없더라도, 내가 가치 없는 사람이라는 뜻은 아닙니다. 풍요는 누구나 누릴 수 있는 것이니 내가 할 수 있는 노력을 더해가면 될 뿐이에요. 부정적 믿음으로 풍요를 밀어내지 말고 선물을 받는 아이와 같은 마음으로 모든 풍요를 허용하세요. 이 확언을 자주 반복하며 달라지는 현실을 누리세요.

나는 삶의 모든
풍요를
허용한다.

✦

오늘의 확언 :

나는 내 꿈을
맞이할 준비가
되었다.

"종종걸음에서 벗어나고 싶나요?"

꿈꾸기만 하는 것을 멈추고 꿈의 실현을 받아들이세요.

꿈꾸는 삶을 향하다 보면, 그 삶을 꿈꾸기만 하는 것에 익숙해집니다. 보통 꿈이란 오랜 시간 염원하고 간직하기 때문이죠. 그러다 보면 무의식적으로 내 꿈과 현실의 거리감에 편안함을 느끼기 시작하고, 꿈을 영원히 꿈으로만 보게 됩니다.

시간이 아무리 지나도 실현되지 않고, 실현 가능하다고 느껴지지도 않으니 그렇게 믿게 되는 것도 이상한 일은 아니에요. 하지만 이런 습관이 생기고 나면 무의식적으로 꿈을 이루는 것을 저항하게 됩니다. 인간은 습관의 동물이고, 마음에 썩 들지 않더라도 내게 익숙한 것을 더 선호하게 마련이거든요.

지금의 삶이 아무리 불만족스러워도 익숙해서 편안한 이 상태를 유지하려는 패턴을 끊어내려면, 꿈의 실현을 두 팔 벌려 환영하고 기쁘게 맞이할 마음의 준비를 하는 것이 정말 중요하다고 볼 수 있겠죠? 이 확언을 통해 조금 낯설어도 새로운 기쁨을 선사할 새 챕터에 큰 발걸음을 떼어보세요.

풍요의 에너지를 일구는 확언

나는 내 꿈을
맞이할 준비가
되었다.

오늘의 확언 :

내가 만개한
꽃이 되면 벌들이
스스로 찾아온다.

"풍요로 향하는 기회는 언제 주어지는 걸까?"

내 마음이 열려있으면 좋은 기회들이 나타납니다.

한창 진로를 두고 방황하던 시절, 어떤 사람들에게는 늘 좋은 기회들이 주어지는 것 같은데 왜 내게는 그렇지 않은 것인가 답답할 때가 많았습니다. 인맥이 부족해서일까, 능력이 부족해서일까, 그저 운이 없는 것일까…. 잡생각이 많아지며 자존감이 떨어지곤 했어요. 세상이 밉게 느껴지기도 했고 스스로가 한심하기도 했습니다. 꼬리에 꼬리를 무는 생각에 결국 무기력증에 빠져 한참을 누워 지낸 기간도 있었고요.

그러다가 마음을 돌보기 시작했고, 시간이 흐르며 알맞은 기회들이 주어지기 시작했어요. 그리고는 원하는 바가 있을 때마다 문이 열리는 오늘까지 오게 되었는데요. 그 변화는 사실 마음가짐으로부터 시작됐습니다. '내 기준에 맞는 기회'만을 찾고 있던 저는 주변에 나타나는 수많은 기회와 정보들을 놓치고 있었거든요. 그걸 알아차린 후 모든 것에 마음을 열고 모든 것을 소중히 관찰하고 검토하겠노라 다짐했어요. 제 기준에 못 미치더라도 '저게 뭐람?' 하고 지나치지 않고, 한 사람 한 사람의 말에 귀 기울이고, 현존하지 못하면 지나칠 일상의 신호들을 감지하기로요.

풍요로운 삶을 향해 모든 꽃잎을 펼쳐내세요. 내가 만개한 꽃이 되면 기회라는 꿀벌들이 끊임없이 찾아옵니다.

내가 만개한
꽃이 되면 벌들이
스스로 찾아온다.

오늘의 확언 :

나의 꿈과
나의 언행은
일치한다.

"풍요로운 삶 속에 있을 나처럼 말하고 행동하나요?"

꿈을 이루려면 미리 그 삶을 사세요.

풍요로운 삶을 꿈꾸면서 말과 행동은 그렇지 않은 경우가 많습니다. 자잘한 불평부터 신세 한탄, 세상에 대한 비판으로 많은 시간을 보내진 않는지 돌아봐야 해요. 여유로운 삶을 바라며 당장 쫓기듯 매일을 보내고 있진 않은지, 경제적 자유를 바라면서 정작 윤택한 삶을 사는 사람들을 미워하고 깎아내리진 않는지도요.

언행일치만큼 중요한 것이 내 소망과 언행을 일치시키는 것입니다. 성공하고 싶다면 성공한 사람처럼 말하고 행동하세요. 여유롭고 싶다면 여유로운 삶을 사는 사람처럼 말하고 행동하고요. 내가 원하는 삶을 사는 사람들을 보며 그들의 사소한 말과 행동, 관점과 성품을 관찰하고 배울 것을 찾으세요.

당장 나 자신과 비교하며 자괴감이나 열등감이 느껴져도 괜찮습니다. 그럴 때 '곧 얻게 될 나의 삶을 타인을 통해 간접 경험하고 있구나' 알아차리고 미리 축하하고 즐거워하세요. 나의 현실에 존재하는 사람들은 모두 내 모습의 일부가 반영된 것임을 잊지 마세요.

나의 꿈과
나의 언행은
일치한다.

오늘의 확언 :

기대하지 않은
곳에서
최고의 배움이
주어진다.

"목표는 왜 이렇게 멀게만 느껴질까?"

과정을 영화 감상하듯 누리세요.

살면서 어떤 곳에서 무엇을 어떻게 배우게 될지는 그 누구도 모릅니다. 그래서 무엇이든 어느 정도는 인내할 줄 아는 게 중요하죠. 힘들다고 바로바로 포기해 버릇하면 큰 배움의 기회를 놓칠 수 있거든요. 회사에서 커리어 발전에 박차를 가하지 못해 힘들더라도 인간관계에서만큼은 큰 배움을 얻기도 하고, 인간관계에서 즐거움을 느끼지 못해 힘들더라도 나 자신에 대해 배우기도 하듯이요.

목표 지점이 너무나 멀고 손에 잡히지 않을 것 같다고 느껴질 때 한 발짝 물러나 바라보세요. 어떤 선물이 어떤 경로로 찾아올지 모르는 '삶'이라는 축복을 영화 감상하듯 바라보는 겁니다. 매 순간의 고통은 반드시 보상으로 돌아오고, 그 보상은 내가 예측하지 못한 것인 경우가 많답니다. 목표에 매몰되어 중요한 과정을 놓치지 마세요. 각 여정이 모두 각자의 가치를 가지고 있음을 깨달으면 원하는 삶에 성큼 가까워졌음을 느낄 겁니다.

기대하지 않은
곳에서
최고의 배움이
주어진다.

오늘의 확언 :

나는 나만의
곡선을 그리며
나아간다.

"자꾸 나만 뒤처지는 것 같아 초조하다면."

우량주 차트를 언제나 기억하세요.

여러 가지 점들이 한 지점에서 출발해 경주를 한다고 해볼까요? 다만, 각각의 점은 같은 속도로, 하지만 각기 다른 종류의 선을 그리며 나아가는 거예요. 어떤 점은 직선으로 곧게 뻗어나가고, 지그재그를 그리며 가는 점도 물론 있을 겁니다. 구불구불한 커브를 그리는 점도 있고, 이 모든 종류의 선들을 번갈아 그리며 나아가는 점도 있고요.

커브를 많이 그리는 점은 직선으로 뻗어나아가는 점보다 뒤처지는 듯 보일 수 있어요. 하지만 과연 그럴까요? 게다가 이 모든 점들은 도착점이 각기 다른데 말이에요.

저는 모든 사람들이 각자의 선을 그리며 살아가고 있다고 생각합니다. 각자 그리는 선 모양새에 따라 누군가는 뒤에 있고 누군가는 앞서가는 듯 보이기도 하며, 누군가는 더 높은 곳에, 누군가는 더 낮은 곳에 있는 듯 보이기도 해요.

주식 차트를 보신 일이 있는지 모르겠습니다. 그 어떤 우량주의 차트도 하락 구간을 확대해 바라보면 참담하게 느껴지는데요. 하지만 5년, 10년 단위로 바라보면 그래프는 늘 우상향인 것을 확인할 수 있어요. 내가 목표를 향해 나아가는 과정을 볼 때도 멀리 물러나 큰 그림을 볼 필요가 있습니다. 그렇지 않으면 늘 하락 구간에 감정적으로 매몰되고, 아무것도 가능하지 않은 듯 느껴지거든요.

이 확언을 반복하며 자신만의 고유한 과정을 스스로 믿고 응원하시길 바랍니다.

나는 나만의
곡선을 그리며
나아간다.

오늘의 확언 :

성공과
실패가 아닌
성공과
배움이다.

"연이은 실패로 쪼그라든 내 자신감⋯."

내 사전 속 단어들을 교체하세요.

실패는 성공의 어머니라는 말은 누구나 익히 알고 있지만 가슴에 새기기가 쉽지 않습니다. 저는 그 이유가 실패라는 단어 자체가 갖는 어감에 있다고 생각해요. 우리가 인지하고 있지 않더라도 모든 단어는 이미 우리 머릿속에서 특정 관념을 형성하고 있거든요. 누구나 가장 부정적으로 바라보는 단어 중 하나가 실패인데, 이걸 긍정적으로 생각하려니 어려울 수밖에 없죠. 대부분의 사람이 이 두 음절 단어를 보자마자 많은 부정적 감정과 이어지는 생각들을 마주합니다.

　저는 '실패했어'라는 표현 자체를 '잘 배웠어'로 대체해 쓰기 시작했어요. 누군가가 스스로 실패했다고 말할 때도 '많이 배웠구나' 하고 답했어요. 조금씩 실패라는 단어 자체와 멀어졌고, 그렇게 지내다 보니 지금은 실패라는 단어를 접해도 부정적 관념이 일어나지 않습니다.

　성공을 해도 실패를 해도 우리는 배웁니다. 계속 시도하고 더 많이 배우는 것이 성공으로 가는 지름길이니, 실패가 성공의 어머니라는 말이 있는 거예요. 성공하거나 실패하는 것이 아니고, 성공하거나 배우는 겁니다. 오늘부터 내 머릿속 사전을 수정하기 시작하세요.

성공과
실패가 아닌
성공과
배움이다.

◇

오늘의 확언 :

매일을 사는 것이
작은 성취의
연속이다.

"도무지 성취한 게 없어서 자괴감이 느껴진다면…."

나의 모든 성취를 충분히 축하하세요.

아이들은 신발 혼자 신기와 같은 사소한 성취로도 큰 기쁨을 느끼지만, 어른이 되어가며 성취에 대한 기준은 높아져만 갑니다. 저는 모든 사람이 매일을 살아가며 굉장히 많은 성취를 한다고 보는데요. 경제적 풍요나 사회적 인정과 같은 보상이 주어지지 않는 성취들은 당연한 일상의 일부분으로 치부해버리는 것 같습니다. 매일 아침 눈을 떠 하루를 시작하는 것, 이부자리를 정리하는 것, 식사를 준비하는 것, 자잘한 집안일을 처리하는 것, 안전하게 등교하거나 출근하는 것, 누군가와 미소 지으며 대화를 나누는 것, 양치와 세수를 하고 손을 잘 씻는 것 등과 같은 모든 삶의 일부를 매일의 성취로 여기고 뿌듯함을 느껴야 한다고 생각해요. 또, 매일 얻게 되는 사소한 배움과 교훈도 감사히 여기고 소중히 여겨야 하고요.

　우리의 감정을 일으키는 대상들이 우리의 삶에 더 많이 주어집니다. 부정적 감정이든 긍정적 감정이든 말이에요. 그래서 내 꿈을 이루는 여정에서 매일의 작은 성취들을 인지하고, 축하하고, 기뻐하는 것이 굉장히 중요합니다. 끊임없는 경쟁과 자기계발의 시대에서 자괴감이나 박탈감에 매몰되곤 한다면 더더욱 이 습관을 가질 필요가 있겠지요. 내가 매일 이루는 모든 성취를 인지하고, 축하하고 기뻐하세요.

매일을 사는 것이
작은 성취의
연속이다.

오늘의 확언 :

나는 내가 반드시 지나야 할 챕터를 지나고 있다.

"지금 겪어야 하는 일이 성공에 반드시 필요한 것이라면?"

고지를 눈앞에 두고 무너지지 마세요.

아직 40년을 채 안 살았지만 참 많은 도전과 변화, 우여곡절을 겪은 제 삶을 책 한 권이라 생각하고 지난 시간을 돌이켜 보면, 모든 스토리에 기승전결이 있더군요. 그리고 기승전결 각각의 단계에도 많고 많은 챕터가 존재하고요. 성공과 거리가 먼 삶을 비관하는 챕터들도 늘상 있었지만, 결국 그 챕터를 지나면 한 가지 스토리의 마지막 챕터로 진입하게 되고, 또 그 스토리가 마무리되면 새로운 스토리가 시작됨을 알아차린 후로 삶이 달라졌습니다. 지금의 상태를 비관하기보다, 이 스토리를 멀리서 바라보며 각각의 챕터를 나누어 인지하게 되었달까요?

많은 사람이 고지를 눈앞에 두고 포기합니다. 언덕을 한 번만 더 넘으면 도착점이 있을 때조차 말이에요. 마지막 언덕 너머를 미리 보지 못하니 앞으로 얼마나 더 길고 험난한 여정이 남아있을까 가늠하다가 압도되어 버리기 때문이죠. 아무리 힘들고 지치더라도, 내 삶이라는 여정에서 반드시 지나야 할 챕터를 지나고 있음을 기억하세요.

이 챕터가 영원하지 않으며, 이 챕터가 지나면 또 내가 꼭 경험해야 할 챕터가 나타납니다. 그렇게 매 순간 깨어있는 마음을 유지하며 나의 최선을 다하면 결국 원하는 삶으로 향하게 되는 법이고요.

나는 내가 반드시
지나야 할 챕터를
지나고 있다.

오늘의 확언 :

나는 내 삶의
불확실성을 온전히
수용한다.

"기복 없이 성공할 순 없을까?"

자잘한 흔들림에 에너지를 낭비하지 마세요.

모든 것이 물 흐르듯 순탄하기만 하면 참 좋겠습니다만, 목표 지점을 향해 나아가는 여정에서 다양한 사건들을 겪는 것은 당연합니다. 원하던 계약을 따내지 못하거나, 목표 매출을 달성하지 못하거나, 클라이언트가 경쟁사를 선택하는 등 말이에요. 목표를 향하는 내 마음이 집착의 상태에 있다면 이 모든 사건에 감정적으로 반응하기 쉬워요. 감정에 매몰되면 상응하는 생각들이 연달아 일어나고 스스로를 의심하는 것에서 더 나아가 목표 자체에 대한 의구심까지 키울 수 있죠. 집착하는 마음은 큰 불안으로 인해 생겨나기 때문에 이성적인 사고를 막으니까요. 이럴 때일수록 명상이나 성찰하는 글쓰기 등을 통해 시야를 맑게 유지해야 합니다.

많은 사람이 목표를 이룬 후에는 삶이 순탄할 것이라 꿈꾸지만 삶은 원래 불확실합니다. 세계에서 가장 성공한 것으로 꼽히는 사람들의 삶도 마찬가지고요. 미래가 확실하다면 우리에겐 꿈꾸는 즐거움이 주어지지 않았을 것이고, 무언가를 이룰 때 느끼는 환희도 존재하지 않았을 거예요. 그러니 삶의 불확실성을 수용하고 나의 여정에서 이는 파도 안에서 힘을 빼고 즐겨보세요. 내 마음이 저항할 때마다 이 확언을 반복하며 내실을 다지길 기원합니다.

나는 내 삶의
불확실성을 온전히
수용한다.

오늘의 확언:

나는 돈에 대해 즐겁고 행복한 생각을 갖는다.

"돈을 원하지만, 돈을 싫어하는 아이러니."

돈에 대한 잠재의식을 전환하세요.

돈을 벌고 싶어 하는 많은 사람이 돈에 적개심을 갖고 있다는 사실을 아시나요? 가정에서 돈과 관련된 문제들을 경험하며, 학교나 사회에서 돈에 대해 학습하며, 또 미디어를 통해 사건 사고들을 접하며 마치 돈이 악의 근원인 양 믿게 되는 것은 어찌 보면 당연합니다. 하지만 이런 마음 상태가 풍요로운 삶을 막고 있으니 그 믿음을 하나씩 알아차리고 바꾸어 나가는 게 중요해요.

돈은 우리에게 큰 자유를 선물합니다. 안전한 삶을 살 수 있도록 돕고, 여가를 즐길 수 있게 해주며, 사랑하는 사람들과 마음을 나눌 수 있게 해주는 데다가 도움이 필요한 사람들에게 적절한 도움을 베풀 수 있게끔 해주니까요.

칼을 요리하는 데 쓸지 누군가를 해치는 데 쓸지 결정하는 것이 개인의 선택이듯, 돈도 하나의 도구일 뿐임을 기억하세요. 세상 어떤 것이든 선한 의도로 사용하면 선한 것이 되고, 악한 의도로 사용하면 악한 것이 됩니다. 돈을 더 벌고 싶다면 돈에 대한 부정적 믿음을 심어주는 매체를 멀리하고 돈에 대한 즐겁고 행복한 생각을 이어가세요.

나는 돈에 대해
즐겁고 행복한
생각을 갖는다.

오늘의 확언 :

즐기는 마음이
더 큰 성과를
낳는다.

"한 번씩 찾아오는 무기력증….”

잘하려는 마음이 무기력을 낳습니다.

요즘 세상에서 우울증만큼이나 흔하게 찾아볼 수 있는 것이 무기력증입니다. 편안한 마음으로 쉴 수 있는 시간이 충분히 주어지지 않으니 당연하다고 볼 수도 있는데요. 바쁜 삶을 살고 있지 않더라도 무기력함에 빠져 한참을 헤어나오지 못하는 경우도 많아요. 그런 경우 더 큰 자괴감을 느낄 수밖에 없죠.

혹시 어린 시절 처음 그림을 그리기 시작했을 때, 좋아하는 노래를 따라불렀을 때, 흥에 겨워 춤을 추었을 때를 기억하시나요? 그땐 누구나 ‘내가 잘하고 있는 건가?’ 신경 쓰지 않았습니다. 좋아서 한 것이고, 즐겁게 했으면 된 거였죠. 하지만 주변의 피드백을 듣기 시작하며, 친구들과 비교하기 시작하며 결과에 대한 집착을 만들어내기 시작했어요. 그렇게 뭐든 잘하고 싶다는 마음이 켜켜이 쌓여 무기력을 낳게 됩니다.

결과에 연연하게 되면 좋아하는 일도 싫어지게 마련이에요. 언제 어떻게든 나보다 잘하는 사람을 찾을 수 있거든요. 요즘처럼 온라인으로 촘촘히 연결되어 타인의 삶을 들여다보는 게 쉬운 세상에선 더욱 그렇습니다. 그렇게 박탈감을 느끼게 되고, 희망이 없으니 아무것도 하기 싫어지는 상태에 이를 수밖에 없습니다.

어린 시절의 마음가짐을 되찾으세요. 호기심이 있으면 해보고, 하는 과정이 즐거우면 결과에 연연하지 않고 계속 해 나아갔던 그 마음가짐을 요. 보상을 바라지 않고 매 순간 현존하며 즐거움에 집중하면 무엇이든 할 수 있습니다. 우리를 막는 것은 마음에 들지 않는 결과를 마주하기 싫어하는 우리의 에고뿐이니까요.

즐기는 마음이
더 큰 성과를
낳는다.

오늘의 확언 :

오늘 나는
내 꿈에 한 발짝 더
다가선다.

"이렇게 더디게 나아가도 괜찮은 걸까?"

한 번에 1cm씩 나아가세요.

노자의 《도덕경》에는 '천 리 길을 걷는 것도 반드시 한 걸음을 떼는 것에서 시작된다'고 쓰여있습니다. 걷지 않으면 목적지에 도달할 수 없다는 건 누구나 아는 사실이니, 너무 당연해서 꼭 필요한 상황에서 떠올리지 못하는 말들 중 한 가지가 아닐까 해요. 먼 길을 가는 과정에서는 누구든 자신이 얼마큼 왔는지, 목적지까지 얼마나 남았는지 헤아리기가 어렵습니다. 그래서 내가 가고 있는 길이 맞는지 의구심이 들 수도 있고 중간에 지쳐 목적지에 다다를 수 없을 것 같다는 생각이 스치며 자신감이 부족해지기도 해요. 자연스러운 일입니다.

저는 멀리 있는 목표를 떠올릴 때마다 매일 1cm씩 나아간다고 생각합니다. 전속력으로 달려 최대한 빨리 목적지에 도착하고 싶은 게 당연하지만, 그럴 만한 기운이 매일 솟아날 수는 없거든요. 매일 내가 발전하고 있긴 한 건지, 올바른 선택을 하고 있는 건지 확신이 들지 않을 때마다 이 확언을 반복해 적고 말해보세요. 여러분은 매일 최소 한 발짝씩 꿈꾸는 삶에 다가가고 있습니다. 그 과정에서의 변화들이 잘 느껴지지 않을 수 있지만, 기민하게 관찰하는 습관도 가져보시고요.

오늘 나는
내 꿈에 한 발짝 더
다가선다.

오늘의 확언 :

나의 꿈이
나를
찾고 있다.

"내가 꿈꾸는 삶은 언제쯤 가능성이라도 보여줄까?"

의도를 설정하면 세상이 함께 움직입니다.

목표를 달성하는 과정에서 나 혼자 목표를 좇고 있다고 생각하면 왠지 더 힘이 듭니다. 나도 나름 최선을 다하고 있고, 가끔은 원하는 걸 포기하면서까지 스스로를 몰아세우지만, 내 꿈이란 녀석은 코빼기도 내밀지 않으니 얄밉기도 하고요. 그래서 저는 목표를 좇는 과정에도 그 목표도 역시 나를 좇고 있다고 상상하곤 해요. 이 커다란 세상에서 서로의 행방을 알아내려 노력하는 애틋한 커플 같달까요.

여러분이 어떤 것을 이루겠다는 마음을 갖는 순간 이 세상을 향한 의도가 설정됩니다. 여러분이 인지하고 있지 않을 때도 여러분 마음에 담긴 의도는 세상과 끝없는 신호를 주고받으며 필요한 환경을 구성해줘요. 그러니 내가 꿈을 좇기 시작한 순간부터 내 꿈 또한 나를 좇기 시작하는 겁니다. 그래서 우리가 그 여정을 잘 따라만 간다면 가장 적절한 지점에서 서로를 만나게 되는 거예요. 그걸 우리는 '꿈을 이루었다'고 표현합니다.

나 혼자 허구의 목적지를 향해 끝없이 가야 한다고 생각하면 버겁기 그지없어요. 눈앞에 커다란 미로가 있다면, 그 안에서 서로를 찾고 있는 나와 내 꿈을 상상해보세요. 마음이 한결 가벼워질 겁니다.

나의 꿈이
나를
찾고 있다.

오늘의 확언 :

나는
겸손하며
자신감 넘친다.

"어떤 태도를 가져야 성공할 수 있을까?"

세상을 대하는 자세를 점검하세요.

원하는 삶을 누리기 위해서는 세상 모두를 대하는 자세가 굉장히 중요합니다. 내 능력만 열심히 키우면 되지 사람들을 대하는 방식이 왜 중요할까 의문일 수 있지만, 타인을 대하는 방식은 내 마음가짐으로부터 나오며, 그 마음가짐이 곧 내 현실을 빚는다는 것을 기억해야 합니다.

성공적인 커리어와 행복한 개인의 삶 모두를 성취한 사람들을 가까이서 관찰하며 발견한 공통점이 있는데요. 그게 바로 겸손하면서 자신감 넘치는 태도였습니다. 겸손과 자신감, 뭔가 상충하는 단어처럼 느껴지나요.

누군가가 칭찬을 해줄 때 아니라며 부정하고, 늘 자신에 대해 부정적인 이야기들을 늘어놓는 것을 겸손이라 여기는 일이 흔합니다. 하지만 겸손은 나를 낮추는 게 아닙니다. 누군가가 나의 좋은 점을 발견해주었을 때 있는 그대로 받아들이고 진심으로 감사함을 표현하는 것, 나의 장점은 인정해 잘 활용하고 나의 약점은 보완이 필요함을 받아들이는 것이 겸손이죠.

자신감도 잘못 받아들이면 오만함과 혼동될 수 있는 개념입니다. 자신감은 수치심을 가리려는 자부심이 아니고, 나는 완벽하며 늘 누군가의 위에 있다고 착각하는 오만함 또한 아닙니다. 내가 가진 강점과 약점을 모두 알되 분별 없이 받아들이고 포용하는 상태, 삶에 굴곡이 있을 수 있으나 결국에는 방법을 강구해 이겨낼 수 있다는 믿음을 갖는 상태가 자신감 넘치는 상태입니다. 결국 겸손과 자신감은 서로 상충하는 것이 아니라 함께 가는 것임을 알 수 있죠.

겸손함과 자신감을 모두 갖추고 세상을 대해보세요. 그에 걸맞은 기회들이 주어지고, 나는 더욱 큰 확장과 성취를 누리게 됩니다.

나는
겸손하며
자신감 넘친다.

오늘의 확언 :

나는
매일 더 나은
내가 된다.

"숨 막히는 자기계발, 대체 끝은 있는 걸까?"

자기계발의 목적을 다시 설정하세요.

퇴근 후 피곤한 몸을 이끌고 운동을 하고, 도움이 된다는 베스트셀러는 모두 챙겨 읽고, 외국어 공부도 하며, 새로운 기술도 배우고, 유용하게 쓰일 자격증도 몇 가지 더 준비하고…. 요즘처럼 다양한 자기계발이 당연시 여겨지는 시대도 없었던 것 같습니다. '더 발전해야 해'라는 마음속 목소리가 우리를 쉽게 떠나지 않죠. 스스로를 더 몰아세우지 않으면 도태될 것 같다는 불안감에 사로잡히는 사람들도 느는 추세예요. 왜 우린 이리 쫓기듯 자기계발하고 있는 걸까요?

지속 가능하며 이상적인 자기계발은 '타인보다 나은 나'가 아닌 '어제의 나보다 나은 오늘의 나'에 집중하는 것입니다. 세상은 계속해서 우릴 타인과 경쟁하도록 부추기지만, 아무리 누군가를 제치고 앞으로 나아가도 언제나 내 앞에는 누군가가 있을 것이라는 사실을 받아들여야 해요. 언제까지나 누군가를 이겨야 하는 상황에 놓이게 되니 자괴감에서 헤어나오기 어렵고, 여정 또한 지긋지긋하게 느껴집니다. 하지만 어제의 나보다 나은 오늘의 나에 집중해서 자기계발한다면 가슴깊이 차오르는 뿌듯함과 만족감을 느낄 수 있어요. 외부 세상에 가 있는 의식이 내면으로 향하며 스스로를 더 사랑하고 자신과 더 좋은 관계를 맺게 되고요.

나는
매일 더 나은
내가 된다.

✦

오늘의 확언 :

가진 것을
더 많이 인지할수록
더 많은 풍요가 주어진다.

"풍요로운 삶을 향한 단축키는 없을까?"

더 갖고 싶으면 더 많이 인지하세요.

세상에는 두 가지 풍요가 있습니다. 마음의 상태, 그리고 물질적 상태죠. 풍요로운 마음은 가난한 삶에서도 물질적 풍요를 낳기 시작하고, 빈곤한 마음은 풍족한 삶에 구멍을 내기 시작합니다.

감사하지 않고 당연시하는 것은 잃게 된다는 점에서, 감사하는 마음의 중요성은 아무리 강조해도 지나치지 않는데요. 감사하는 마음은 사실 여러분이 풍요로운 삶으로 향하는 시간을 줄여줄 가장 효과적인 도구입니다.

더 많이 갖고 싶다면 가진 것을 더 많이, 더 자주 인지하는 습관을 가지세요. 갖지 않은 것에 집중해서 불평하는 시간을 줄이고, 가진 게 당연해서 인지하지 못하고 있는 것들을 하나씩 발견하고 기뻐하고 축하하며 감사함을 느끼세요.

인지하면 인지할수록 감사할 것들이 더 많이 생겨나고, 내가 하는 노력 몇 배의 풍요가 수월하게 주어지기 시작합니다.

풍요의 에너지를 일구는 확언

가진 것을
더 많이 인지할수록
더 많은 풍요가 주어진다.

오늘의 확언 :

내가 쓰는
돈의 두 배가
나에게 돌아온다.

"돈 나갈 일은 왜 이렇게 많은지…."

모든 지출을 풍요의 창구로 만드세요.

돈 문제에 시달리던 때가 있었습니다. 저축은커녕 생활비 명목으로 받은 대출의 원리금을 갚느라 여념이 없었고, 엎친 데 덮친 격으로 건강이 악화되어 병원비도 늘었죠. 몇십, 몇백만 원씩 나가는 상황이 반복되니 불면증에 시달렸고, 몇천 원을 쓰는 것도 스트레스가 되더군요. 하루에도 몇 번씩 있는 사소한 지출에도 기분이 가라앉아 헤어 나오기 쉽지 않았습니다.

또 큰돈을 지출해야 해서 투덜대고 있던 어느 순간, '이렇게 온종일 돈이 부족하다는 생각을 하니 내 현실은 늘 결핍의 상태를 유지하는구나' 하는 생각이 들더군요. 수입이 입금되는 빈도보다 지출의 빈도가 높은 것이 당연하니 마음을 다스릴 줄 알아야겠다 싶었어요. 그래서 그 순간부터 모든 지출의 순간에 '이 돈의 두 배가 들어온다'는 마법의 주문을 외우기 시작했습니다. 그러니 돈을 사용할 때마다 마이너스보다 플러스의 감정이 증폭되고, 실제로 삶이 마법처럼 바뀌기 시작하더군요.

이 확언을 통해 어차피 피할 수 없는 지출을 더 큰 풍요를 가져다주는 도구로 삼아보세요. 마이너스를 플러스로 바꾸는 연금술이 여러분의 삶을 풍족하게 바꾸어줄 겁니다.

풍요의 에너지를 일구는 확언

내가 쓰는
돈의 두 배가
나에게 돌아온다.

오늘의 확언:

내 삶의
주인은
나 자신이다.

"저 사람들은 다 성공하는데 왜 나는….."

미디어의 노예에서 벗어나세요.

미디어에 노출되는 시간이 많을수록 자기 자신과 연결하는 힘이 부족해지는 것은 당연합니다. 끊임없이 쏟아져 나오는 드라마와 영화, 혹은 개인의 삶을 담아 올리는 유튜브 영상이나 인스타그램 게시물 등을 매일 소비하면 그것들이 모두 짜여진 각본임을 인지하지 못하게 됩니다. 마치 주변 사람들의 삶을 있는 그대로 관찰하는 듯 느끼죠. 그리고 자신의 삶은 꾸며지지 않은 날것의 상태로만 접하니 형편없이 느껴집니다. 남들의 만들어진 최고의 모습과 자신의 최악의 모습만 비교하는 습관이 생기는 거예요.

다양한 자기계발 콘텐츠들은 또 어떤가요. 상위 1%에 들지 않으면 삶이 의미가 없는 듯 이야기하고, 남들이 좇는 것을 좇지 않으면 게으른 사람으로 치부합니다. 무엇이 정상이고 무엇이 건강한 것인지 그 기준이 사라진 지 오래예요.

누군가는 월 3천만 원을 벌어야만 인간답게 살 수 있다고 주장할 수 있지만, 월 3백만 원으로 사랑하는 사람들과 행복하고 평온하게 사는 사람이 많습니다. 다만, 온라인에서 자신의 삶을 드러내고 자랑하는 이들의 수가 전자의 그룹에서 압도적으로 많을 뿐이죠. 그러니 우리는 온라인 세상에 드러난 것만 존재하는 것이고 맞는 것이라 착각합니다. 나만의 방식으로 성공한 삶을 살고 싶다면 온라인에서 보내는 시간을 줄이고 자신에게 집중하세요. 남들이 말하는 성공이 내가 원하는 것일 확률은 정말로 낮습니다. 어려서부터 남의 꿈을 좇았고 지금도 그렇게 살고 있다면 삶이 무의미하게 느껴지는 게 당연하지 않은가요?

소중한 내 삶의 주인은 나 자신입니다. 미디어의 노예가 되길 멈추고 꾸며낸 이야기들에 끌려가지 마세요. 자신이 좋아하는 소소한 일을 하며 평균적인 삶을 살든, 강남에 건물을 몇 채 구입해 경제적 자유를 이루든, 그 꿈이 진정 내 가슴과 연결된 것이라면 이루어질 것이고, 여러분을 행복으로 이끌 겁니다.

내 삶의
주인은
나 자신이다.

오늘의 확언:

나를 위한
삶은 이미
존재한다.

"내가 꿈꾸는 삶은 세상에 존재하지 않는 것 같은데…."

내 중심 가치를 알고 전진하세요.

저는 어려서부터 자유로운 삶, 연결하는 삶을 살고 싶었습니다. 구체적으로 어떤 삶을 머릿속에 그렸다기보다 사회적 통념이나 한계에 구애받지 않고, 타인과 진심으로 연결하며, 나이가 들어서도 어린아이처럼 꿈꾸는 삶을 살고 싶었어요. 제 중심 가치들을 알고 있었던 것이죠. 그렇지만 제가 원하는 삶을 살고 있는 롤모델이 없었기 때문에 그런 삶이 존재하긴 하는 것일까 막연했습니다.

하지만 그때그때 최선을 다하며 살다 보니 제게 가장 완벽한 직업을 가진 지금의 삶까지 오게 되었습니다. 불과 6년 전만 해도 저는 크리에이티브 디렉터로 일을 하며 10년 이상 이어진 디자인 일에 싫증을 내고 있었고, 마음 한편에는 제 이야기를 책으로 엮어 내고 싶다는 꿈을 갖고 있었어요. 그러던 중 난데없이 유튜브 콘텐츠 제작을 권유하는 지인들의 목소리가 들리기 시작했고, 썩 내키지 않았음에도 불구하고 '일단 해보자'는 마음으로 채널을 시작했습니다.

유튜버가 될 거라곤 단 한 번도 생각해본 일이 없지만, 채널이 빠른 시간에 크게 성장했고, 덕분에 몇 개월 만에 출판 계약을 해 첫 책을 내게 되었죠. 게다가 지금은 독일로 이주해 생활하고 있음에도 한국에 있는 많은 분과 매일 연결하는 삶을 살고 있습니다. 십수 년 전만 해도 상상할 수 없었던 일이지요.

여러분이 지금 원하는 삶이 모호하더라도, 자신을 충만하게 하는 중심 가치를 알고 있다면 삶은 여러분을 그곳으로 이끌 겁니다. 당장은 내 직업이, 내 상황이 내가 꿈꾸는 삶과 거리가 멀어 보이더라도 포기하지 마세요. 나를 위한 삶은 이미 존재합니다. 그리고 가장 완벽한 때에 나를 만나러 올 거예요. 내가 해야 할 일은 나를 알고 매일을 열심히 즐기는 것이고요.

나를 위한
삶은 이미
존재한다.

"

삶에 존재하는 빛과 어둠을
모두 아름답게 포용하고 살아갈 수 있도록 곁을 지켜주신
어머니와 아버지, 동생 시화에게
그리고 언제나 제게 거울이 되어주시고 끝없는 영감을 전해주시는
마인드풀tv 구독자 여러분께
커다란 사랑과 용기, 감사의 마음을 전합니다.

"

Collect 27

나는 있는 그대로 충분하다

1판 1쇄 인쇄 2023년 12월 28일
1판 1쇄 발행 2024년 1월 10일

지은이 정민
발행인 김태웅
기획편집 김유진, 정보영
디자인 [★]규
마케팅 총괄 김철영
마케팅 서재욱, 오승수
온라인 마케팅 정경선
인터넷 관리 김상규
제작 현대순
총무 윤선미, 안서현, 지이슬
관리 김훈희, 이국희, 김승훈, 최국호
발행처 ㈜동양북스
등록 제2014-000055호
주소 서울시 마포구 동교로22길 14(04030)
구입 문의 전화 (02)337-1737 **팩스** (02)334-6624
내용 문의 전화 (02)337-1734 **이메일** dymg98@naver.com
ISBN 979-11-5768-999-6 03190